글쓴이 **카리나 루아르**
지속 가능한 발전, 사회 문제, 생명 과학을 전문으로 다루는 기자이자 작가입니다. 프랑스 툴루즈에 거주하며 어린이와 청소년을 위한 책을 쓰고 있습니다. 쓴 책으로 『공룡 노트』 『이것이 수학이다!』 『세계의 빈곤, 남반구와 북반구의 비밀』 등이 있습니다.

그린이 **요안나 제자크**
다양한 예술 기법을 구사하는 그래픽 디자이너이자 일러스트레이터입니다. 폴란드 바르샤바 미술 아카데미 건축학과를 졸업한 뒤 어린이 책, 편집 디자인, 브랜드 아이덴티티 및 웹 분야에서 활동해 왔습니다. 현재는 파리에 거주하고 있습니다. 지은 책으로 『1001마리 물고기』 『1001마리 꿀벌』 『1001마리 개미』가 있습니다.

옮긴이 **권지현**
고등학교를 졸업할 무렵부터 번역가의 꿈을 키웠습니다. 그래서 서울과 파리에서 번역을 전문으로 가르치는 학교에 다녔고, 학교를 졸업한 뒤에는 번역을 하면서 번역가가 되고 싶은 학생들을 가르치고 있습니다. 그동안 옮긴 책으로는 〈도전 명탐정 프로젝트〉 〈보통의 호기심〉 〈꼬마 중장비 친구들〉 〈징글 친구〉 시리즈와 『우리 집 똥강아지』 『수집가들의 보물』 『벌레 팬클럽』 『도시 텃밭에 초대합니다』 『펜으로 만든 괴물』 『버섯 팬클럽』 『아나톨의 작은 냄비』 등이 있습니다.

소중한 도움을 주고 원고를 꼼꼼히 읽어 준 프랑스 국립고등교원교육원(INSPE)의
수학 교수 필리프 클레망에게 큰 감사의 말을 전합니다.
_카리나 루아르

0의 발명부터 컴퓨터의 등장까지,
인류와 함께한 숫자 이야기

내 친구 숫자를 소개합니다

카리나 루아르 글 요안나 제자크 그림 권지현 옮김

Seedbook 씨드북

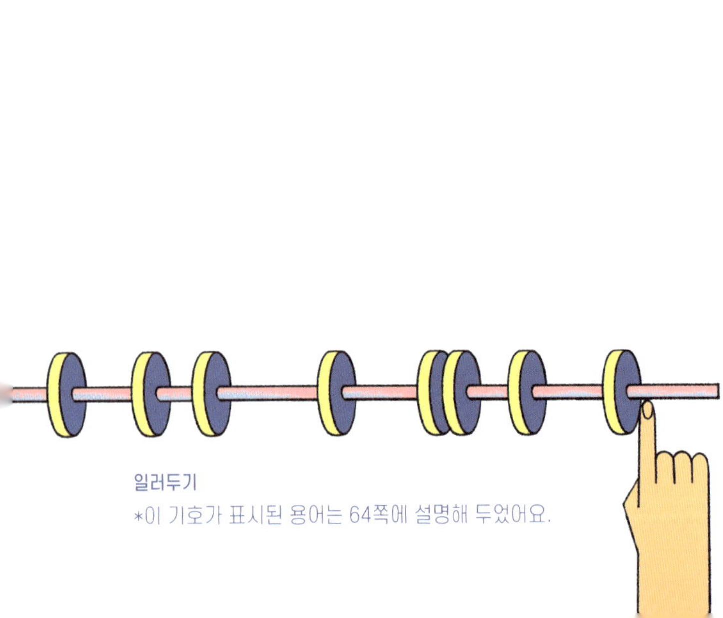

일러두기
*이 기호가 표시된 용어는 64쪽에 설명해 두었어요.

차례

모든 것이 숫자예요 ······ 10
숫자란 뭘까요? ······ 14
숫자가 없어도 살 수 있지 않을까요? ······ 18
동물도 셈을 해요 ······ 22

몸으로 수를 말해요 ······ 24
크로마뇽 동굴에 새겨진 홈 ······ 28
미래가 창창한 조약돌 ······ 30

숫자, 메소포타미아에서 태어나다 ······ 32
이집트인처럼 수 세기 ······ 36
마야인처럼 수 세기 ······ 40

수를 세기 위한 문자 ······ 42
인도에서 아랍 세계로! 숫자의 기원은 다양해요 ······ 46
영(0)의 혁명 ······ 50

최초의 계산기 ······ 54
컴퓨터로 계산이 빨라졌어요 ······ 56
수를 다루는 직업 ······ 60
용어 설명 ······ 64

4
8
1
2
3
4
5
6
7
8
9
31
15
97
94
13
78
88
96
42
11
18
67
66
87
19
51
45
39
44
47
54
41
85
33
16
69
61
36
75
74

살면서 숫자를 피하기는 쉽지 않아요. 무엇을 하든 숫자가 있으니까요. 아침에는 알람 시계가 일어날 시각을 가리켜요. 학생은 방학까지 며칠 남았는지 세어 보기도 하고, 읽고 싶은 만화책을 사려면 얼마를 모아야 하는지 계산하지요.

숫자는 우리 생활 곳곳에 자주 등장하니까 원래 있었던 것처럼 느껴져요. 하지만 숫자가 하늘에서 뚝 떨어진 건 아니에요. 숫자를 만들어 낸 건 우리, 사람이지요. '몇'인지 묻는 말에 대답할 필요가 있었거든요. 예를 들면 매머드를 몇 마리 사냥했는지, 보름달이 뜨려면 며칠 밤낮을 보내야 하는지 대답해야 했어요. 사람들은 그 답을 기억하려고 선을 그어 놓거나 끈에 매듭을 묶었어요. 또 돌을 쌓기도 했지요. 숫자가 등장한 건, 그러니까 숫자를 적어 나타내기 시작한 건 그로부터 한참 뒤예요. 이 대단한 발명은 하루아침에 이루어지지 않았어요. 세계 곳곳의 문명에서 수를 표기하는 방법인 기수법*을 만들었지요. 여러 방법이 서로 경쟁하다가 결국 단 하나의 방법이 수를 나타내는 데 사용되기 시작했어요. 그게 우리가 알고 있는 숫자예요.

이 책에서 우리는 시대를 거슬러 올라가 멀리 여행을 떠날 거예요. 유프라테스강과 나일강을 지나 안데스산맥을 넘고 그리스와 이탈리아, 프랑스를 거치는 여행이지요. 인류가 어떻게 숫자에 익숙해지고 무역, 건축, 천문학, 경제, 의료 분야에서 숫자를 사용했는지 알아봐요.

인류의 가장 위대한 발명 중 하나인 숫자의 세계로 떠나 볼까요?
5, 4, 3, 2, 1! 출발!

모든 것이 숫자예요

숫자의 숨바꼭질

우리는 숫자에 파묻혀 살아요. 어떤 숫자들은 눈에 잘 띄지요. 편의점 물건에는 가격이 표시되어 있어요. 도로에서는 운전 속도를 줄이라는 표지판이 눈에 띄어요. 하지만 숫자는 숨어 있는 경우가 더 많아요. 튼튼한 건물과 다리를 지으려면 계산을 잘해야 해요. 인터넷에 접속해 검색을 할 수 있는 것도 숫자 덕분이에요. 화성에 탐사선을 보낼 때도 아주 복잡하면서도 정확한 계산이 필요해요. 약 4000년 전 숫자의 발명 덕분에 인류는 여러 과학 발전과 기술 발전을 이룰 수 있었어요.

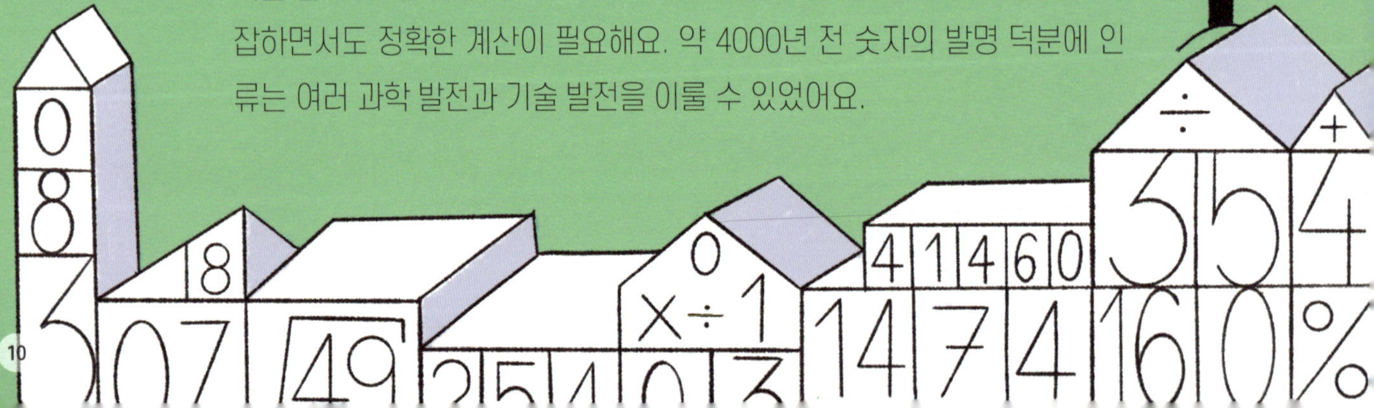

일상에서도 숫자는 중요해요

숫자는 수학 문제를 푸는 데 사용되지만 그게 다가 아니에요. 물건이나 사람, 반복되는 행동을 세는 데도 숫자가 사용되지요. 키나 몸무게 등을 측정하거나 올해와 작년을 비교하는 데도 숫자가 사용돼요. 운동 경기에서도 시간, 속도, 거리, 점수를 계산할 때 숫자가 꼭 필요해요. 숫자가 없었다면 운동 경기는 존재하지 않았을 거예요. 농구 경기나 보드게임에서 점수를 계산하고, 사탕을 나눠 먹을 때 숫자를 다룰 줄 안다면 훨씬 쉽겠지요? 만약 네 사람을 위한 요리를 준비하려 했는데 여덟 명이 먹겠다고 하면 모든 재료를 두 배로 계산할 줄 알아야 모두 배부르게 먹을 수 있어요.

어른이 될 때도 숫자가 중요해요

대한민국 국민은 17세가 되면 주민 등록증을 발급받아야 해요. 주민 등록증에는 13개의 숫자로 이루어진 주민 등록 번호가 적혀 있어요. 이 번호에는 중요한 개인 정보가 숨어 있어요. 첫 여섯 자리는 생년월일을 나타내요. 예를 들어 2023년 1월 1일에 태어났다면 230101이라는 번호를 받아요. 일곱 번째 자리는 성별을 나타내요. 1, 3은 남성, 2, 4는 여성을 뜻해요. 여권이나 운전면허증 같은 신분증에도 긴 숫자로 이루어진 번호가 쓰여 있어요. 신분증은 내가 누구인지 증명해 줘요.

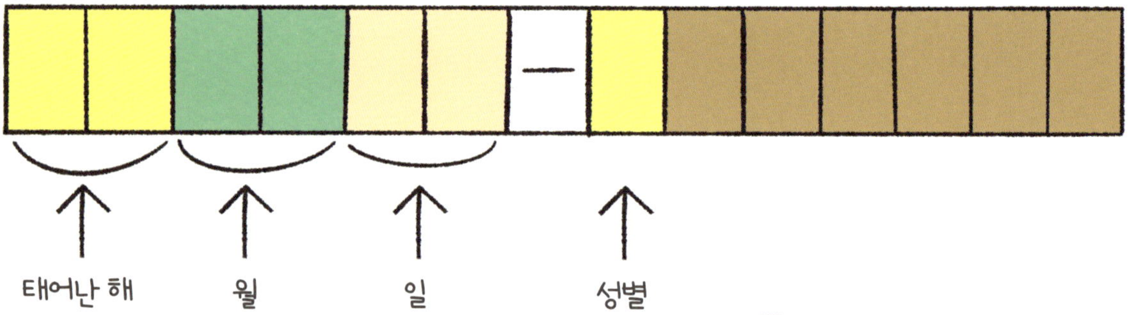

수 관련 속담

우리나라에는 수와 관련된 속담이 많아요. 한번 살펴볼까요?

“다섯 손가락 깨물어서 아프지 않은 손가락 없다” : 자식은 다 소중하다.

“발 없는 말이 천 리 간다” : 소문이 달리는 말보다 더 빨리, 더 멀리까지 퍼진다.

“세 살 버릇 여든 간다” : 어릴 때 버릇은 늙어서도 고치기 어렵다.

“열 번 찍어 안 넘어가는 나무 없다” : 아무리 어려운 일도 노력하면 이룰 수 있다.

“하나만 알고 둘은 모른다” : 폭넓게 생각하지 못한다.

“한 귀로 듣고 한 귀로 흘린다” : 남의 말을 주의 깊게 듣지 않는다.

“한 치 앞을 못 본다” : 지식과 경험이 부족하여 어리석다.

숫자란 뭘까요?

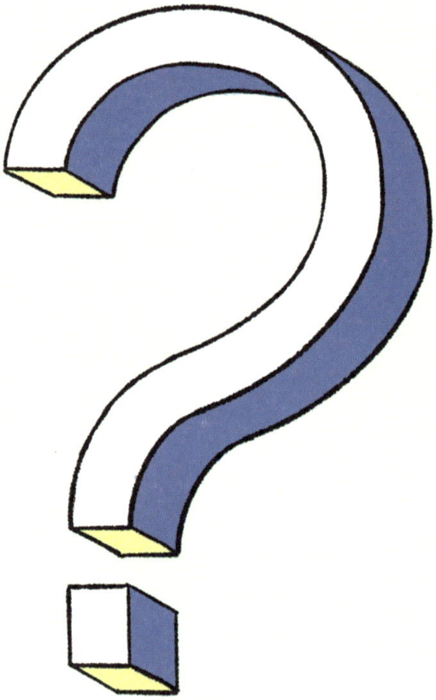

인류 최초의 숫자는 1이었을 거예요. 손가락 하나, 돌멩이 하나, 나무에 새긴 선 하나, 사람 하나…. 1은 일의 자리 수예요. 다른 모든 숫자의 기본이기도 하지요. 1에 1을 계속 더해서 다른 숫자들이 나오니까요. 1이 없다면 2(1+1), 3(1+1+1), 4(1+1+1+1) 등이 나올 수 없어요.

태초에 1이 있었으니…

수는 숫자보다 먼저 만들어졌어요. 숫자를 쓰거나 이름 붙여 말하기 훨씬 전에요. 인류는 수천 년 동안 수를 모르고 살았어요. 인류가 발전하면서 서서히 만들어 낸 것이지요. 어떻게 알 수 있느냐고요? 그야 수가 실제로는 존재하지 않으니까요. 버스에서 12를 만난 적 있나요? 길거리에서 24와 마주친 적은요? 산에서 32를 본 적 있어요? 물론 못 봤겠죠!

인류의 가장 아름다운 발명

수는 추상적인 개념이에요. 인간의 뇌가 만든 결과물인 거예요. 수는 양이나 값을 세고 표현할 때 의미가 있어요. 예를 들어 들판에 있는 젖소 32마리를 셀 때처럼요.

또한 수는 줄 설 때 몇 번째에 서 있는지, 또는 몇 등을 했는지 순서를 나타내요. 대기 목록이나 운동 경기에서 1위, 2위, 3위 등을 표시하는 것이지요.

'425'는 '세 자리 수'일까요? 아니면 '세 자리 숫자'일까요? 정답은 '세 자리 수'예요.

수와 숫자는 달라요?

단어가 자음과 모음으로 이루어지듯이 수도 여러 숫자(0부터 9)로 이루어져요. 숫자는 수를 나타내는 문자예요. 일종의 기호나 상징 같은 것이지요.

계산할 때 수를 숫자로 적어요. 숫자를 쓸 때는 표기법을 알아야 해요. 예를 들면 '백', '천', '만'처럼 한글로 적을 때도 있고, '2024'처럼 아라비아 숫자로 적을 때도 있어요. 그러려면 정확한 표기법을 아는 것이 중요해요. 우리나라는 수를 만 단위로 읽기 때문에 만 단위 다음에는 띄어 써야 해요. 1만 2570처럼요.

숫자와 문자

한번 풀어 봐요!

두 자리 수 중 가장 작은 자연수*는 무엇일까요?

정답: 10이에요. 그리고 100은 가장 작은 세 자리 수예요.

숫자가 없어도 살 수 있지 않을까요?

친구에게 구슬 15개를 빌려줬는데 그 친구가 12개만 돌려줬다고 생각해 봐요. 계산할 줄 모르면 몇 개가 모자라는지 눈치챌 수 없을 거예요. 전 세계 인구 중 7억 7300만 명, 그러니까 열 명 중 한 명은 학교에 다녀 본 적 없어요. 그중 대부분인

숫자를 모른다면

약 5억 명이 여성이에요. 글을 쓰거나 읽을 줄 모르는 사람을 '문맹'이라고 불러요. 숫자를 읽고 쓸 줄 모르거나 셈을 할 줄 모르면 '숫자맹' 또는 '수학적 문맹'이라고 불러요. 파키스탄과 아프가니스탄 등 남아시아 국가들과 사하라 이남 아프리카* 국가들에서 이런 현상이 가장 심각해요. 문맹이나 숫자맹이 되면 생활이 힘들 거예요. 숫자를 모른다면 시장에서 물건값이나 저울로 잰 무게를 비교할 수 없어요. 거스름돈이 맞는지도 확인할 수 없고요. 숫자를 쓰고 읽는 능력은 매우 중요해서 가난한 나라의 학교에서는 글을 가르치기 전에 숫자 쓰는 법을 먼저 가르쳐요. 0부터 9까지의 기호는 문자보다 익히기 더 쉽고 학생들이 실생활에서 바로 쓸 수 있으니까요. 물건값을 계산하고, 사기당할 일을 피할 수 있어요.

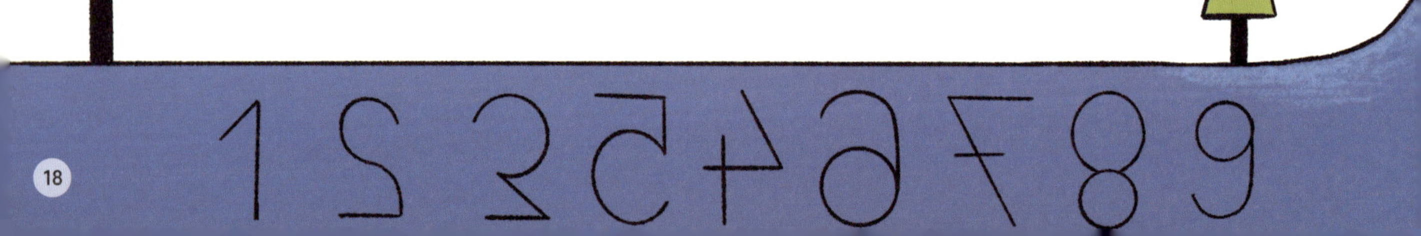

200년 전 프랑스에서는 아이들의 학교 교육이 의무가 아니었어요. 1881년에 교육부 장관인 쥘 페리가 6세 이상의 어린이들은 의무적으로, 그리고 무료로 교육받도록 제도를 만들었지요. 수학 시간에는 암산*과 단위를 가르쳤고 실생활에서 부딪힐 수 있는 많은 문제를 어떻게 해결하는지 가르쳤어요. 학생들은 수확한 사과의 무게, 천의 길이, 우유의 양, 장보기에 필요한 금액 등을 계산하는 법을 배웠어요. 이런 수업은 일상생활에 도움이 되었지요. 이후 학교 교육이 크게 발전했어요.

쥘 페리의 교육

하나, 둘, 셋, 그 이상은 많이

물고기를 낚거나 사냥해서 사는 오지의 부족들은 지금도 정확한 양을 표현할 필요를 못 느껴요. 어림잡아 말해도 충분하니까요. 브라질 아마존 밀림에 사는 피라하족에게는 수를 표현하는 단어가 아예 없어요. 1은 '조금'이고 2와 3은 '그보다 많은' 거예요. 그리고 그 이상은 '많다'라고 표현해요. 아이가 있는 어머니는 자식이 '많다'라고 말하지 아이가 정확히 몇 명인지는 말하지 않아요. 피하라족이 사는 곳에서 멀지 않은 곳에 문두루쿠족이 살아요. 이 부족에게도 수를 표현하는 단어는 다섯까지만 있어요. 또 대부분 어림잡아 말하지요. '대략 셋', '거의 넷', '약 다섯'이라고 말이에요. 말은 그렇게 하지만 실제로는 다섯, 일곱, 또는 열다섯을 뜻할 수 있어요. 바깥세상과 교류하며 물건을 사고팔지 않고 자급자족하는 이런 부족들에게 수 세기는 별로 필요하지 않아요.

4가 넘어가면 뇌는 힘들어해요

우리 눈은 많은 것을 알아봐요. 얼굴의 특징이나 풍경의 세부 사항을 알아보지요. 하지만 수에 관해서는 그렇지 않아요. 이 막대들을 보세요. | || ||| ||||. 4까지는 몇 개인지 한눈에 알고 답할 수 있을 거예요. 우리는 작은 수를 금방 알아보는 능력을 타고났어요. 하지만 수가 넷을 넘어가면 일일이 세어 봐야 하고 수를 읽는 요령이 필요해요. 그래서 수많은 고대 문자에서는 4나 5를 나타낼 때 특별한 상징을 사용했어요. 마야족은 4를 ⁘, 5를 —로 표기했어요. 로마인들은 5를 V로 표기했고요. 선거가 끝나고 후보자들이 얻은 표를 셀 때 이름 옆에 막대를 그어 표시하기도 해요. 5표가 되면 4개의 막대에 가로선을 그어 卌로 표시해요. 이렇게 하면 총득표수를 세기 더 쉬워지지요.

계산은 진절머리가 나요

수를 엄청 싫어하는 사람들이 있어요. 그런 사람 중 일부는 수학 점수도 엉망이어서 공부를 안 했거나 수학에 아예 관심이 없다는 오해를 받아요. 이는 사실 수를 이해하거나 수학을 배우는 데 어려움을 겪는 학습 장애인 '난산증'일 수 있어요. 프랑스 초등학생 중 3~5퍼센트가 난산증을 겪고 있어요. 난산증이라면 숫자를 정확히 읽거나 기억하지 못하고, 계산을 잘 못하는데, 이것이 학습 장애의 하나라는 건 널리 알려지지 않았어요. 글자와 단어를 잘 읽지 못하는 난독증과 마찬가지로 난산증도 치료를 받을 수 있어요.

동물도 셈을 해요

수를 셀 줄 알아야 살아남아요

사바나 초원에서는 수를 세는 능력이 꼭 필요해요. 예를 들어 하이에나는 다른 무리가 지르는 울음소리 수를 세어 몇 마리쯤 되는지 가늠할 줄 알아요. 다른 무리의 수가 더 적다고 판단하면 바로 공격해요. 반대 경우라면 그 무리를 피하거나 동료들을 더 불러 지원을 요청해요. 수가 적을 때는 싸움을 피하는 게 낫지요. 사자도 하이에나와 같이 계산 능력이 있고 비슷하게 행동해요. 그뿐만이 아니에요. 돌고래, 꿀벌, 문어, 앵무새, 개미 등 동물 대부분이 수에 관한 감각을 타고나요. 수가 많은 것과 적은 것의 차이를 알고 2와 5의 차이도 알아요. 다만 5가 넘어가면 아무리 훈련해도 답을 맞히지 못해요. 예를 들어 까마귀는 똑똑하기로 소문난 동물인데, 점이 1개, 2개, 3개, 4개 찍힌 카드를 구분할 줄 알지만 점 4개와 6개가 찍힌 카드는 아예 구분하지 못해요.

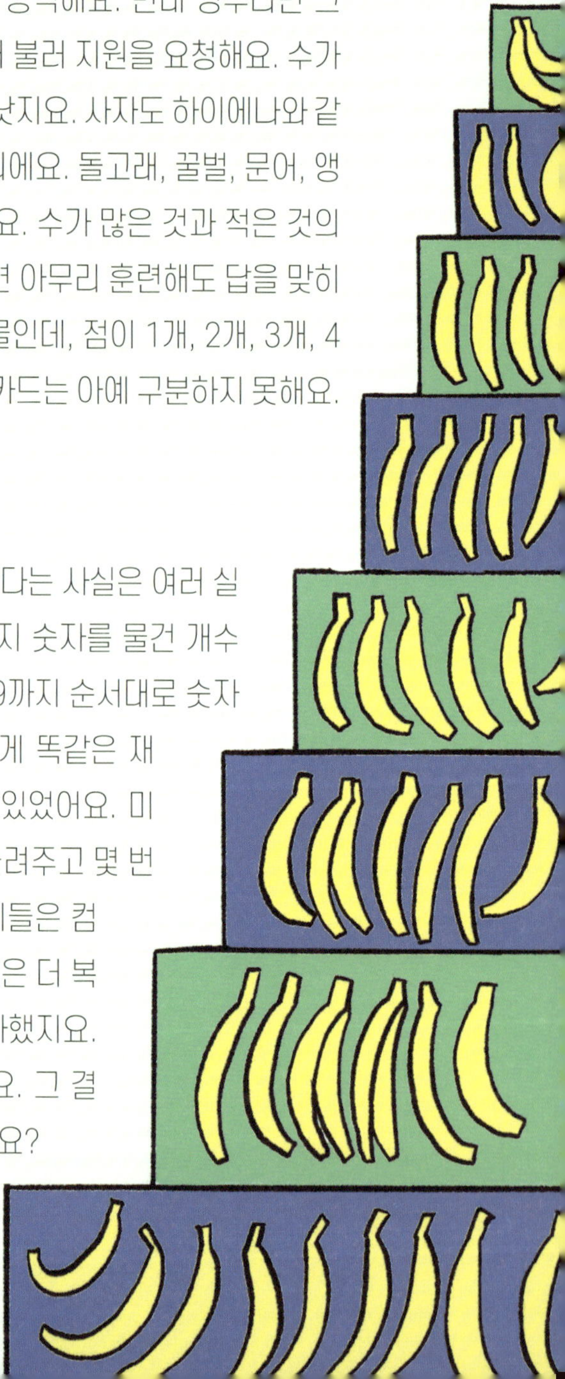

덧셈도 잘하는 원숭이

인간의 가장 가까운 사촌인 영장류 동물들이 셈을 잘한다는 사실은 여러 실험으로 증명되었어요. '아이'라는 침팬지는 1부터 9까지 숫자를 물건 개수에 맞춰 구분할 수 있었고, 1부터 9까지 순서대로 숫자를 나열할 수 있었어요. 원숭이에게 똑같은 재능이 있다는 것을 증명한 실험도 있었어요. 미국 과학자들은 긴꼬리원숭이 두 마리에게 삐 소리를 들려주고 몇 번 들었는지 세도록 훈련시켰어요. 삐 소리를 들은 원숭이들은 컴퓨터 화면에서 수를 나타낸 그림을 골랐어요. 과학자들은 더 복잡한 훈련도 했어요. 삐 소리와 함께 번쩍이는 빛도 추가했지요. 원숭이들은 삐 소리와 빛이 번쩍인 수를 더해야 했어요. 그 결과, 열 번 중 일곱 번이나 정답을 맞혔답니다. 대단하지요?

뇌가 작아서 머리가 나쁘다고 알려졌던 물고기들은 최근에 그렇지 않다는 것을 증명했어요. 2021년 독일의 과학자들이 각각 여덟 마리의 제브라피시와 가오리에게 제시된 그림에서 1을 더하고 빼는 것을 가르쳤어요. 그림이 파란색이면 더해야 하고,

물고기의 계산법

노란색이면 빼야 했지요. 작은 사각형 안에 파란 무늬 4개가 나오면 파란 무늬가 5개 그려진 사각형으로 가야 했고, 노란 무늬 3개가 나오면 노란 무늬가 2개 그려진 사각형으로 가야 했어요. 물고기는 정답을 선택하거나 틀린 답을 선택하겠지요? 정답을 선택한 물고기는 먹이를 보상으로 받았어요. 그랬더니 물고기 열 마리가 덧셈과 뺄셈을 정확히 해냈어요. 나머지 물고기들은 조금 더 시간이 걸렸지만 결국 모두 성공했어요.

몸으로 수를 말해요

최초의 계산기, 손

우리 선조들은 수를 나타내는 단어가 만들어지기 전에 이미 열 손가락으로 수를 셌어요. 어떻게 그랬을까요? 세야 할 물건의 수와 손가락 수를 짝지은 '대응' 원리를 이용한 거예요. 엄지를 들면 들소 한 마리, 엄지와 검지를 동시에 들면 들소 두 마리, 양손의 손가락을 모두 들면 들소 열 마리라는 뜻이었지요. 사냥한 들소의 수를 부족에게 알리려면 해당하는 만큼 손가락을 들어 올리면 되었어요. 물론 열 마리가 넘어가면 좀 힘들어지겠지만요.

10 단위로 세는 게 기본이죠

우리의 열 손가락이 10 단위로 수를 세는 방식의 시작이에요. 이를 십진법*이라고 해요. 물건이 많다면 셀 때 10 단위로 세지요. 10개씩 10묶음이 모이면 100개가 되고요. 한 자리 수에 10을 곱하면 두 자리 수가 되고, 여기에 다시 10을 곱하면 세 자리 수가 되는 거예요. 십진법이 수의 역사에서 가장 널리 사용된 것은 우연이 아니에요. 인간이 개구리처럼 한 손에 네 손가락밖에 없었다면 아마 팔진법을 썼을 거예요.

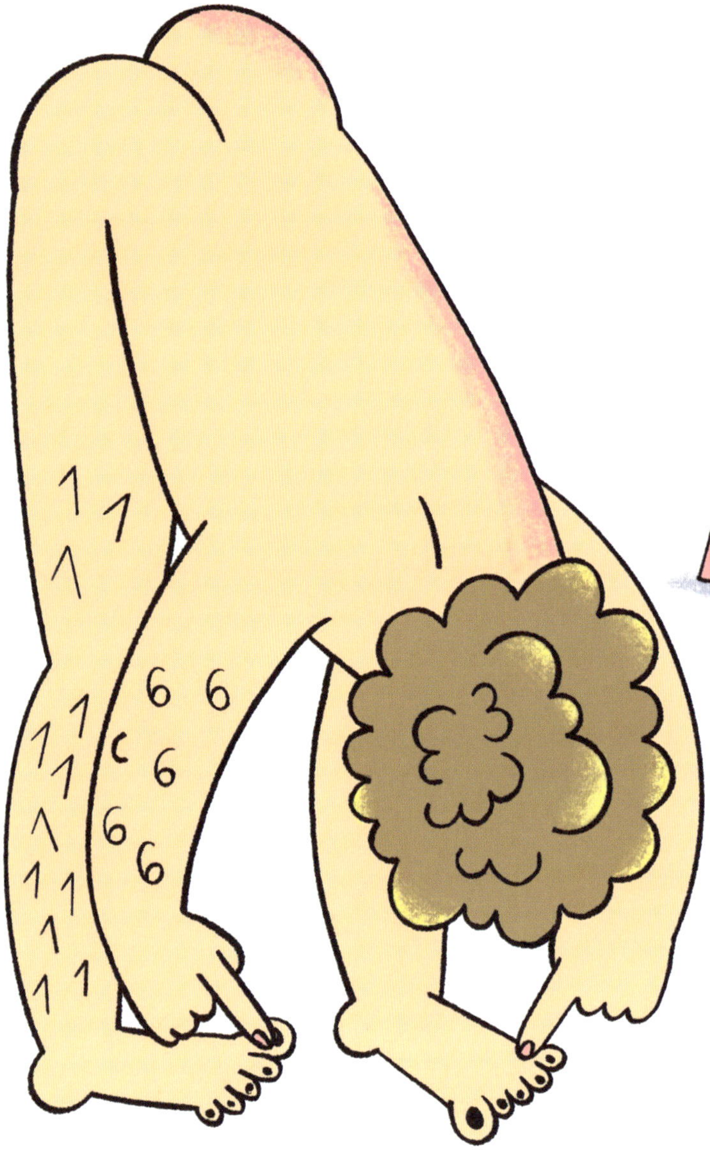

발가락까지 합치면 스물이에요

과거에 몇몇 부족은 발가락까지 합쳐서 셈을 할 수 있다는 걸 깨달았어요. 프랑스 인들의 조상인 갈리아족과 마야족은 20을 기본수로 계산했어요. 그러니까 '이십진법'이지요. 중세에 프랑스 사람들은 40을 '20이 둘(2×20)'이라고 표현했어요. 60은 '20이 셋(3×20)'이라고 했고요. 지금도 80을 '20이 넷(4×20)'이라고 말해요. 파리에는 '캥즈-뱅(15×20)'이라는 안과 병원이 있어요. 병원의 이름이 바로 이십진법의 유물이지요. 프랑스 국왕 루이 9세(1214~1270년)가 지은 이 병원은 15×20, 즉 300명의 시각장애인을 수용했어요.

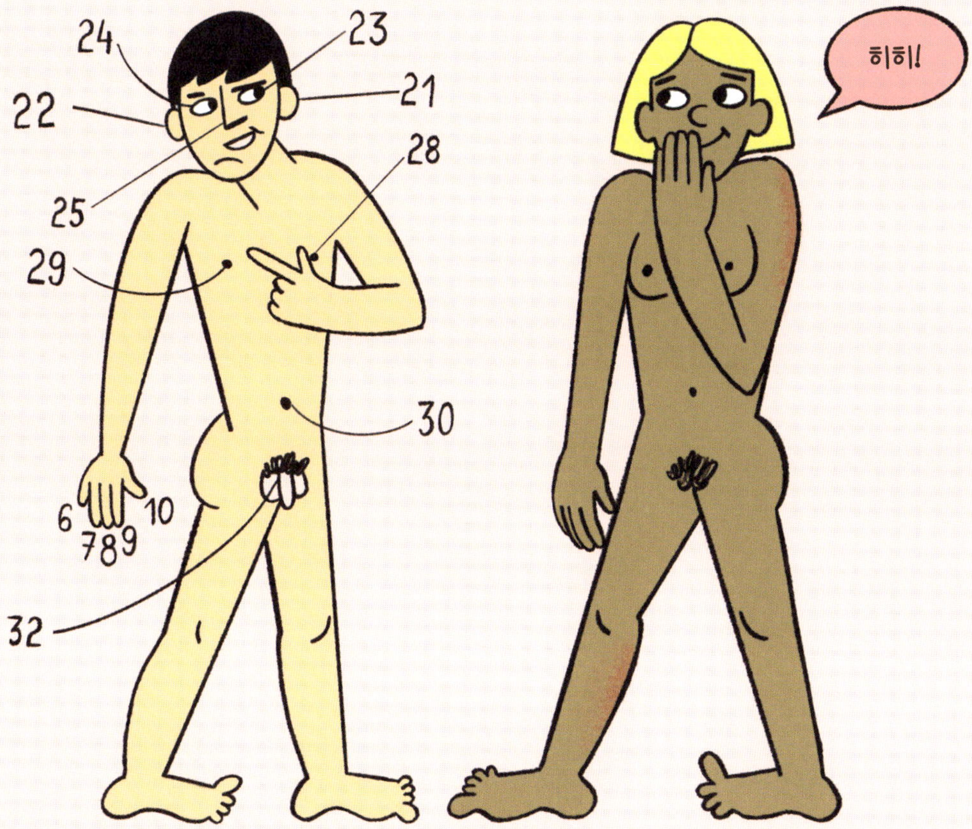

팔꿈치, 손목, 팔까지요?

발가락 말고 신체의 다른 부위를 사용한 부족들도 있어요. 파푸아뉴기니(태평양 남서부)에서는 수의 이름이 신체 부위의 이름으로 되어 있어요. 1은 '오른손 새끼손가락', 2는 '오른손 약손가락', 3은 '오른손 가운뎃손가락', 6은 '왼손 새끼손가락'이라고 불러요. 그리고 발가락을 동원해 20까지 세고, 그다음은 얼굴로 넘어가지요. 몸 아래로 내려가면 여성의 외음부는 31, 남성의 음경은 32예요. 그래서 31과 32는 성별이 있어요. 다른 사람에게 어떤 수를 말하려면 그 수에 해당하는 신체 부위를 말하거나 가리키면 되어요.

달걀 12개를 세기 위한 손가락 관절 12개

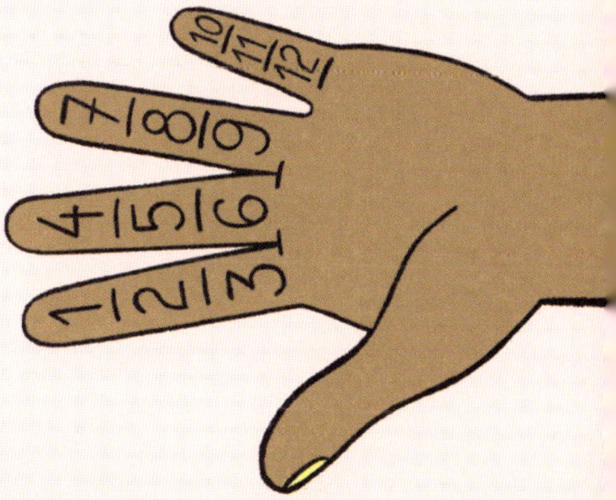

프랑스에서는 달걀이나 굴, 달팽이 같은 식품을 12개 단위로 팔아요. 중세에 생긴 전통이에요. 상인들은 한 손의 엄지손가락을 사용해서 다른 손가락 4개의 관절 12개를 셌어요. 다른 쪽 손은 물건을 들고 있고요. 12는 6, 4, 3, 2로 나눌 수 있다는 장점이 있어요. 요구르트, 달걀, 우유, 소다수는 지금도 12를 2로 나눈 6개 단위로 판매되어요.

크로마뇽 동굴에 새겨진 홈

수를 셀 때 손가락을 사용하면 편리해요. 하지만 센 수를 기억하려고 며칠 동안 손가락을 구부리거나 펴고 있을 수는 없어요. 너무 불편하잖아요!

인류가 수를 세었던 최초의 흔적

선사 시대 사람들은 수를 기억하려고 동물 뼈에 돌로 홈을 팠어요. 가장 오래된 흔적은 약 4만 년 전에 만들어진 것으로, 에스와티니(옛 스와질란드. 아프리카 남부)의 한 동굴에서 발견되었어요. '레봄보 뼈'라 불리는 이 개코원숭이의 뼈에는 29개의 홈이 나 있어요. 선사 시대 사람들은 도대체 무엇을 세려고 했을까요? 태어난 아이들의 수일까요? 아니면 사냥한 동물들의 수일까요? 아니면 밤하늘에 뜬 별의 수일까요? 전문가들은 홈들이 음력 달력이라고 생각해요. 29라는 수는 '신월*'이라고도 하는 아주 얇은 초승달이 뜬 날에서 다음 신월까지의 날짜를 나타내요. 하지만 이건 전문가들의 짐작일 뿐이지요. 아직 수수께끼는 풀리지 않았어요.

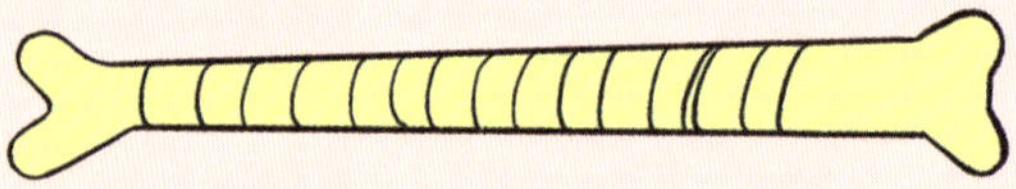

수를 기억하려고 뼈에 홈을 판 인간은 크로마뇽인 말고도 또 있었어요. 알프스산맥에서 수를 세는 막대기가 발견되었는데, 이것은 1800년대에 목동들이 사용했지요. 이 목동들은 글과 숫자를 읽을 줄 몰랐어요.

오랫동안 지워지지 않은 메모

영화에서도 이런 표시가 자주 나와요. 미국 서부 개척 시대에 활동한 '현상금 사냥꾼'은 악당을 처치할 때마다 자기 총에 선을 그어 표시했고, 감옥에서 지내는 죄수들은 갇힌 날부터 날짜를 세기 위해 벽에 선을 그어 표시했지요.

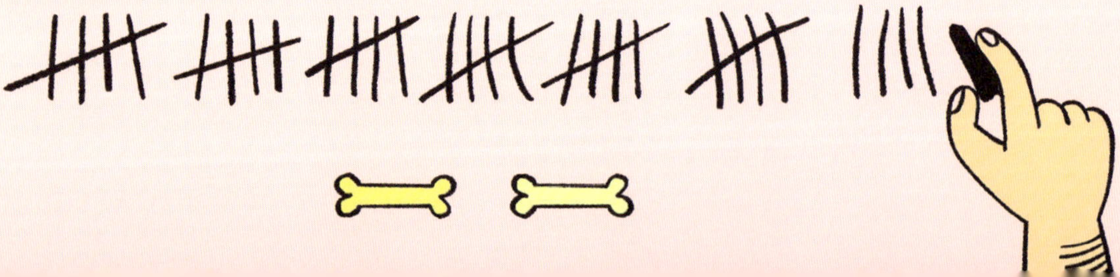

완벽한 계산

약 100년 전, 프랑스의 빵 장수들은 밭으로 빵을 배달하러 가면서 '타유'라고 부르는 막대기를 챙겨 갔어요. 빵 하나를 나눠 줄 때마다 자신의 타유와 손님의 타유에 홈을 새겼어요. 매달 말이 되면 빵 장수는 홈이 몇 개인지 세서 손님에게 돈을 받았어요. 손님도 같은 수의 홈이 파인 타유를 가지고 있었기 때문에 다툼이 없었지요. 이러한 신용 거래는 법으로 인정되었어요. '타유'가 프랑스 민법*에서 사라진 것은 2016년이에요.

미래가 창창한 조약돌

선사 시대가 끝날 무렵, 사냥과 채집을 했던 인류는 한곳에 자리를 잡아 살기 시작했어요. 마을을 이루어 농사를 짓고 가축을 길렀지요. 신석기 시대에 양치기는 아침에 들판으로 내보낸 양이 저녁에 전부 돌아왔는지 확인하기 위해 막대에 홈을 팔 수도 있었지만 가장 자주 사용한 방법은 돌멩이를 쌓는 것이었어요. 어떻게 쌓았느냐고요? 양이 들판으로 나갈 때마다 돌을 하나씩 쌓았고, 저녁에는 반대로 쌓인 돌을 하나씩 뺐지요. 양이 다 돌아왔는데도 돌이 4개 남았다면 양치기는 양 네 마리가 길을 잃었거나 잡아먹혔거나 도둑맞았다는 것을 금방 눈치챌 수 있었어요. 양의 수를 비교하기 위해 돌을 더하거나 뺐던 이 방법은 지금 우리가 사용하는 덧셈과 뺄셈의 기본이에요. '계산'을 뜻하는 프랑스어 '칼퀼(calcul)'이 라틴어 '칼쿨리(calculi)'에서 비롯된 것은 놀랍지 않아요. '칼쿨리'가 '돌멩이'라는 뜻이거든요.

쌓아서 수 세기

38마리의 양을 셀 때 돌멩이 38개를 사용하면 되지요. 하지만 세어야 할 가축의 수가 몇백 마리나 된다면 돌도 그만큼 많아야 해요. 그러면 돌을 쌓거나 뺄 때 틀릴 위험도 크지요. 시간이 지나 가축을 많이 기르는 목축이 발전하면서 수를 세는 더 좋은 방법이 생겼어요. 단위를 나타내는 돌을 사용하기 시작한 것이지요. 작은 돌은 10을 나타내고 그보다 더 큰 돌은 100을 나타내는 식이에요. 그래서 723마리의 양을 셀 때 큰 돌 7개, 중간 돌 2개, 작은 돌 3개만 쌓으면 되었어요.

큰 돌, 중간 돌, 작은 돌

메소포타미아 지역(오늘날의 이라크와 시리아)은 티그리스강과 유프라테스강 사이에 땅이 기름진 곳이에요. 이곳에서 수를 세는 데 더 좋은 방법이 만들어졌어요. 기원전 4500년에 수메르 사람들은 큰 돌, 중간 돌, 작은 돌을 사용하는 대신 점토를 가지고 크기와 모양이 다른 동전을 만들었어요. 그 동전이 수를 나타냈지요. 작은 원뿔 모양은 1이었고, 동그란 모양은 10, 큰 원뿔 모양은 60, 구멍이 뚫린 큰 원뿔 모양은 600을 나타냈어요. '칼쿨리'라고 불린 이 동전들을 점토로 만든 주머니에 넣고 입구를 막았지요. 물건이 주문대로 배달되었는지 확인하려면 물건을 받을 때 점토 주머니를 깨트려서 그 안에 들어 있는 동전을 세면 되었어요. 오는 길에 가축이나 콩 자루를 잃어버렸다면 큰일이겠지요? 시간이 더 흘러 원뿔 모양과 둥근 모양의 동전은 직접 만들지 않았어요. 그 대신 점토 주머니 바깥에 그려 넣었고 그 이후에는 점토판에 새겼지요.

점토 동전

전사자 세기

전쟁에서 목숨을 잃은 사람들이 몇 명인지 셀 때, 양치기가 쓰던 방법이 오랫동안 사용되었어요. 처음에는 전쟁에 나갈 때 각자 돌을 하나씩 쌓았지요. 전쟁터에서 돌아오면 쌓았던 돌을 하나씩 뺐고요. 남은 돌은 전쟁터에서 사람들이 얼마나 전사했는지 가리켰어요.

숫자, 메소포타미아에서 태어나다

숫자는 문자와 동시에 메소포타미아의 수메르 지역(오늘날의 이라크 남부)에서 발명되었어요. 최초의 흔적은 기원전 3400년, 그러니까 약 5400년 전으로 거슬러 올라가요. 숫자는 아마 상인들에게 필요해서 만들어졌을 거예요. 당시 수메르 사회는 매우 발달했어요. 농부와 목축업자 외에 도자기 만드는 사람, 천 짜는 사람 등 새로운 직업이 생겨났지요. 상품이 대량으로 만들어진 뒤 다른 도시들에 판매되거나 물물교환에 사용되기도 했어요. 상인들은 장부를 쓰기 위해 거래 내용을 기록할 필요가 있었어요. 그래서 그림 문자*를 썼어요. 작은 점토판에 물건이나 가축을 나타내는 그림을 그려 넣었지요. 숫자 기록은 돌을 사용했을 때와 비슷했어요. 상인들은 아직 다 마르지 않은 점토판에 끝을 뾰족하게 다듬은 갈대로 그림 문자를 그려 넣었지요. 명함 크기의 점토판은 영수증처럼 소중하게 보관했어요.

교역을 위해 태어난 숫자

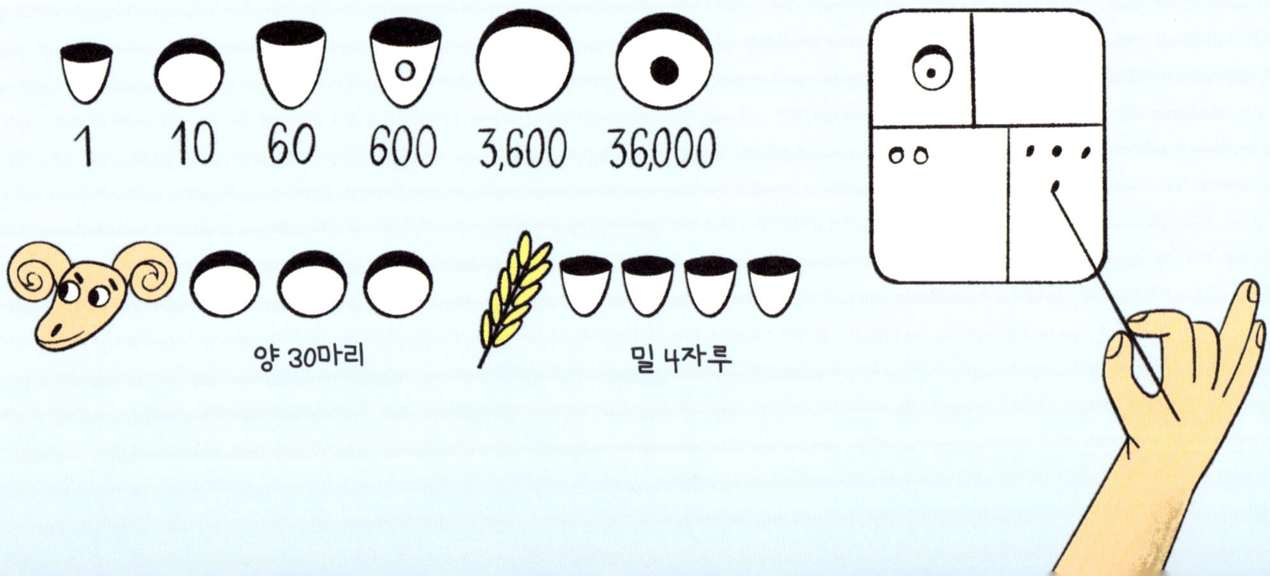

숫자는 수백 년 동안 발전해요. 그림 문자는 사라지고 기호가 등장했지요. 바로 '쐐기 문자'예요. 설형 문자라고도 해요. 숫자는 두 가지 기호로만 표현했어요. 1에서 9까지는 못 모양으로 나타냈고 십의 자리 수는 V자를 돌린 쐐기 모양으로 나타냈어요. 중동에서 발견된 수많은 점토판은 상인들의 재산이 얼마였는지, 노동자들은 얼마를 받고 일했는지 보여 줘요. 또 은행원들이 어떻게 고객의 대출금을 기록하고 계약서를 작성했는지도 보여 주지요.

못과 쐐기

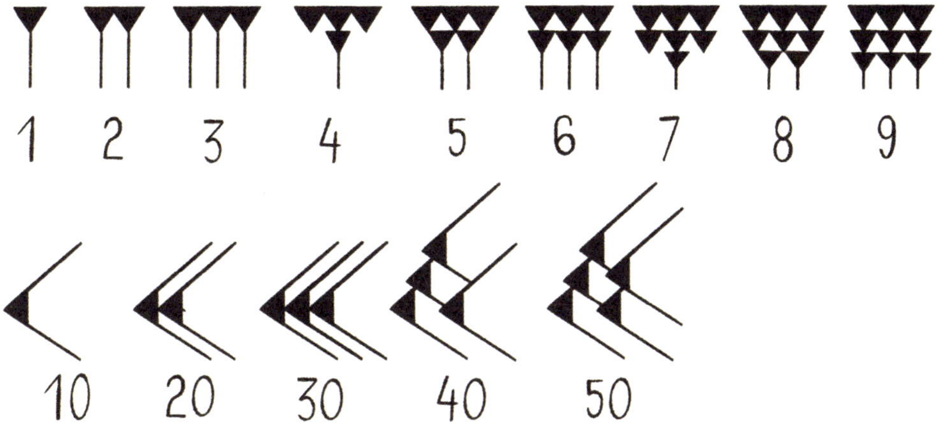

상징 더하기

메소포타미아인들은 수를 읽거나 표시하기 위해서 '덧셈 법칙*'을 사용했어요. 서로 다른 상징의 값을 더하는 것이지요. 아래의 예를 볼까요?

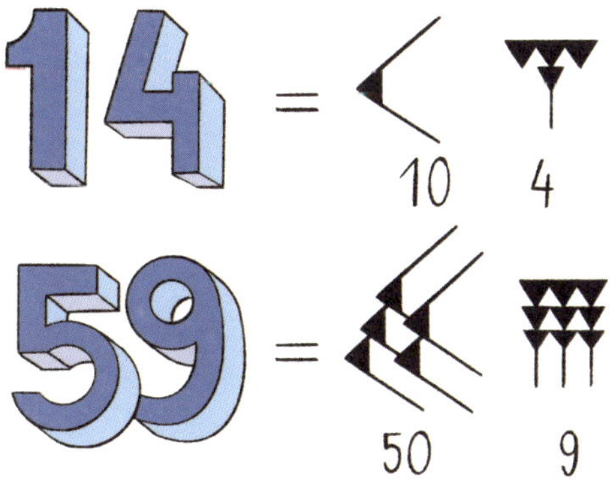

이 덧셈 법칙은 가장 오래된 수학 법칙이에요. 고대와 중세에 수많은 문명이 덧셈 법칙을 썼지요.

제자리 지키기

메소포타미아에서는 60 단위로 수를 셌어요. 60은 1과 같이 다시 𒁹으로 표시되었고 다른 몫 모양과 띄어 썼어요. 예를 들어 상인들은 62를 𒁹 𒈫로 표시했지요. 이런 표시 방법이 무언가 떠오르게 하지 않나요? 우리가 지금 사용하는 방법 말이에요. '자릿수*'라고 하지요. 기호가 위치하는 자리에 따라 값이 달라지는 거예요. 오늘날 우리는 의식하지 못할 정도로 자연스럽게 이 법칙을 이용하고 있어요. 예를 들어 222에는 2가 세 번 들어가지만 각 수는 다른 값을 가지고 있지요. 첫 번째 2는 백의 자리 수이고, 두 번째 2는 십의 자리 수, 세 번째 2는 일의 자리 수예요. 60 단위로 수를 세던 상인은 123을 𒈫 𒐈으로 표시했지요. 기원전 400년에 필경사*들은 어떤 자릿수가 없다는 것을 표시할 때는 특별한 기호를 사용했어요. 기울어진 기호 둘을 조금 더 작게 그려 넣었지요. 𒈫𒑱 이렇게요. 오늘날 0의 조상이라고 볼 수 있어요!

메소포타미아에서 발명된 자릿수는 아주 기발한 아이디어였어요. 모든 수를 최소한의 기호로 표현할 수 있어 시간이 절약되었지요. "시간은 금이다"라는 속담을 들어 봤을 거예요. 메소포타미아인들에게 시간은 매우 중요했던 모양이에요.

점토판의 집

메소포타미아에서 필경사들은 중요한 역할을 했어요. 왕의 명령을 기록하고 왕국의 회계* 장부를 담당하며 사람들에게 월급을 지급했으니까요. 필경사가 되려면 12년 동안 '점토판의 집'이라는 학교에서 공부해야 했어요. 학생들은 59까지 덧셈표, 뺄셈표, 곱셈표를 외우고, 교역과 건축에 관한 온갖 문제를 풀어야 했어요. 등록금도 아주 비쌌던 이 학교는 남자들만 다닐 수 있었지요.

쐐기 문자는 큰 성공을 거두며 주변 나라로 널리 퍼졌다가 기원후 1세기 무렵에 사라

기억에서 멀어진 숫자

졌어요. 19세기에 최초의 점토판이 해석되면서 메소포타미아 인들이 위대한 수학자이자 뛰어난 천문학자라는 사실이 드러났지요. 60 단위로 수를 셌던 방법은 우리가 시간을 측정하는 방법에도 영향을 주었어요. 1시간은 60분이고 1분은 60초라는 걸 잘 알고 있지요?

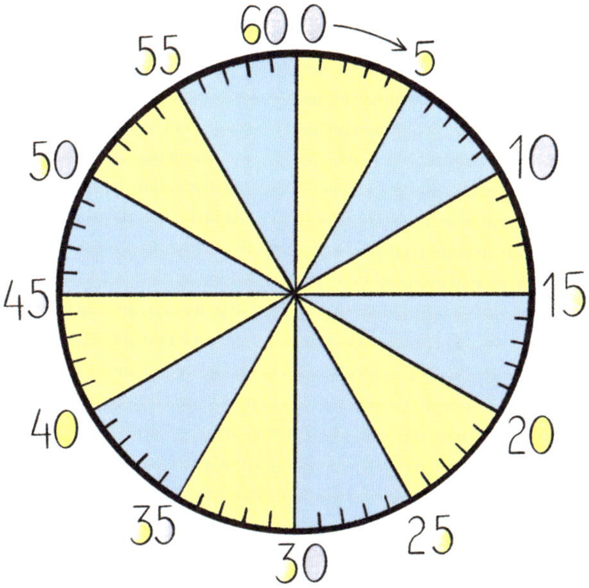

한번 풀어 봐요!

지난달에 양  마리와
염소  마리를 팔았어요.
아라비아 숫자로 각각 몇 마리일까요?

정답: 양 47마리와 염소 99마리예요.

이집트인처럼 수 세기

메소포타미아와 비슷한 시기에 나일강 옆 좁은 땅에서 살던 이집트인들은 '상형 문자'를 사용했어요. 각 그림은 물건, 동물, 식물, 인간 등을 나타내요. 누구나 알아볼 수 있는 상징이었지요. 이집트인들은 상형 문자를 신성하게 여겨, 끌과 망치로 종교 기념물에 새기거나 검은 잉크 또는 붉은 잉크에 담갔던 등나무 줄기를 이용해 파피루스에 적었어요. 가장 오래된 숫자 기록은 기원전 3200년, 그러니까 최초의 파라오 문명 직전에 기록된 거예요.

상형 문자로 기록한 숫자

수메르 숫자와 달리 이집트 숫자는 매우 간단했어요. 우리처럼 십진법을 썼고 일곱 가지 상징을 사용했지요. 막대기, 바구니 손잡이, 파피루스, 연꽃, 곧게 편 손가락, 올챙이(나일강 근처에 살았으니 올챙이가 맞을 거예요), 수많은 별을 향해 양팔을 치켜들고 앉아 있는 신이 바로 그 상징들이었어요.

신과 올챙이

이집트인들은 수를 쓰거나 읽기 위해 덧셈 법칙을 사용했어요. 수를 이루는 상징들의 값을 더하는 것이지요. 예를 들어 **1637**은 아래와 같이 적었어요.

상징 더하기

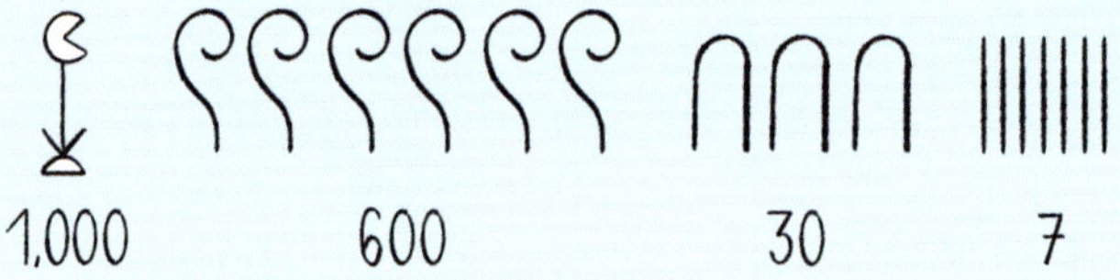

이 상징들은 필경사가 원하는 순서대로 적을 수 있었어요. 오른쪽에서 왼쪽으로 적거나 왼쪽에서 오른쪽으로 적을 수 있었지요. 위에서 아래로 적을 수도 있었어요. 상형 문자를 그리는 일은 무척 힘들었어요. 999를 적으려면 상징이 27개나 필요했으니까요. 이집트인들은 더 빨리 적기 위해 기원전 2700년 무렵 '신관 문자'라는 것을 발명했어요. 상형 문자에서 영향을 받은 흘림 글씨예요. 항상 오른쪽에서 왼쪽으로 글자를 흘려 썼어요. 회계 장부뿐 아니라 수학과 문학적인 글을 적을 때도 사용되었어요.

기하학에 사용된 수

흔히 기하학*이 이집트에서 탄생한 것은 나일강의 범람 때문이라고 해요. 매년 봄이면 나일강이 흘러넘쳐서 밭을 구분하던 도랑의 흙과 돌을 쓸어 버렸어요. 물이 빠지면 농부들은 밭의 경계를 다시 찾아야 했어요. 그래서 땅의 넓이, 높이 등을 정확히 재는 측량사를 불러야 했지요. 측량사는 끈과 말뚝을 가지고 와서 강물이 지워 버린 밭의 경계를 다시 그렸어요. 측량사는 각도와 여러 도형의 면적, 정육면체·원기둥·피라미드의 부피를 계산할 수 있었어요. 파라오 쿠푸의 피라미드는 세계에서 가장 큰 피라미드로 유명해요. 이 피라미드의 기울기와 면적을 계산하는 건 아주 복잡하지요. 이 피라미드는 개당 무게가 1.5톤, 높이 146미터인 돌 200만 개 이상을 쌓아 올려 만들었어요. 4500년 전에 이런 건축물을 어떻게 쌓아 올렸는지는 지금까지도 밝혀지지 않았어요.

위의 피라미드에는 몇 개의 돌이 사용되었을까요?
문제를 풀려면 이집트 문자를 해독해야 해요.

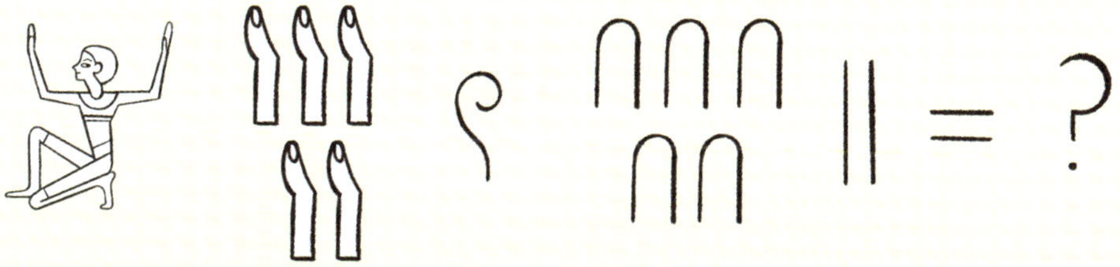

정답: 1,050,152개예요.

마야인처럼 수 세기

4000년 전에 탄생한 마야 문명은 중앙아메리카의 밀림 한가운데서 발달했어요. 마야인들은 글리프*로 수를 표시했어요. 신의 얼굴을 나타낸 그림이

시간을 다스리기

었는데 대부분 신전에 새겨졌어요. 글리프는 날짜와 기간을 표현할 때 주로 사용되었지요. 마야인들은 시간이 행운의 기간과 불행의 기간으로 나뉜다고 믿었어요. 그 기간을 예측하는 사제들은 하늘과 별의 움직임을 관찰하고 계산해서 달력을 만들었어요. 그렇게 해서 전쟁할 때, 사업할 때, 씨 뿌릴 때와 수확할 때 가장 좋은 날짜를 알 수 있었어요. 그러니까 마야인들이 숫자를 만들어 낸 건 시간을 계산하기 위해서였어요.

마야인들은 일상에서 단순한 계산을 할 땐 글리프를 사용하지 않았어요. 그리기 너무 복잡했으니까요. 대신 세 가지 상징을 사용했지요. 1에서 4는 점

점과 선

으로, 5는 선으로, 0은 조개껍데기로 표시했어요. 마야인들은 20을 기본 단위로 수를 셌고 자릿수를 사용했어요. 하지만 우리는 아직도 마야인들의 숫자를 완전히 이해하지 못했어요. 16세기 에스파냐 정복자들의 손에 파괴되지 않은 수학 관련 문서들을 아직 연구 중이에요.

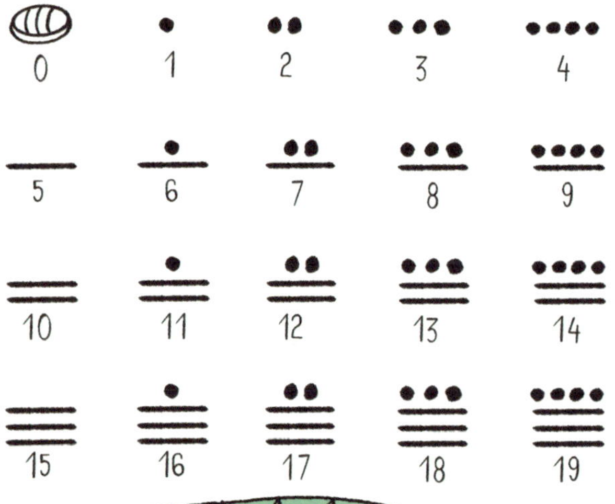

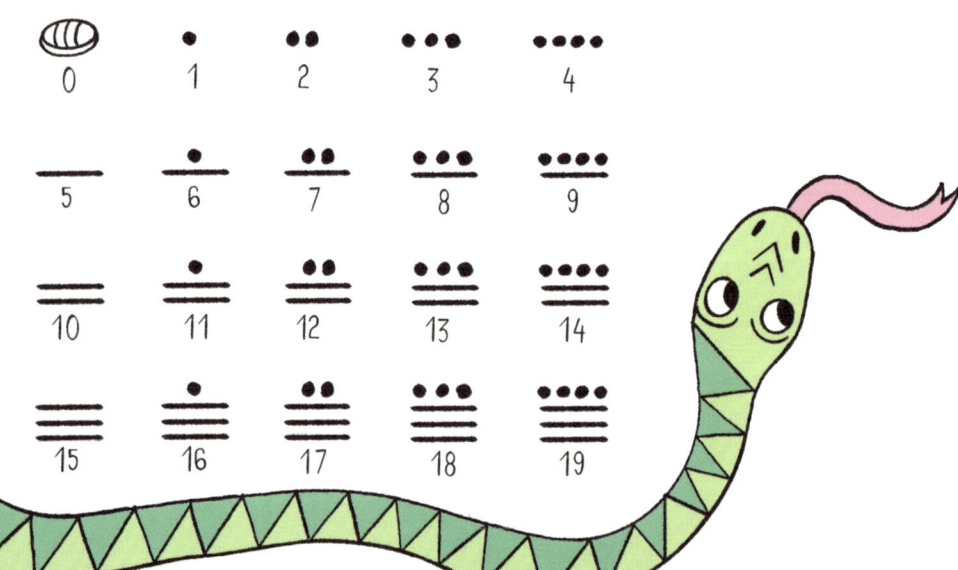

잉카인들의 매듭

13세기에서 16세기까지 안데스산맥의 높은 지대(오늘날의 페루)에서 살던 잉카인들은 끈에 매듭을 지어서 수를 나타냈어요. 이것을 '키푸(매듭)'라고 하는데 끈에 여러 색깔의 실을 매달아 계산할 물건을 구분했지요. 왕국의 관리가 금광에서 캐낸 황금의 양이나 수확한 옥수수의 양을 기록하기 위해 실 끝에서 매듭을 지어 1부터 9까지 표시했어요. 그 위의 매듭은 십의 자리 수, 그 위는 백의 자리 수, 또 그 위는 천의 자리 수를 표시하는 식이었지요. 많은 키푸가 발굴되었는데, 어떤 끈에는 200개가 넘는 실이 묶여 있었어요. 전문가들은 그 키푸가 두꺼운 회계 장부라고 생각해요.

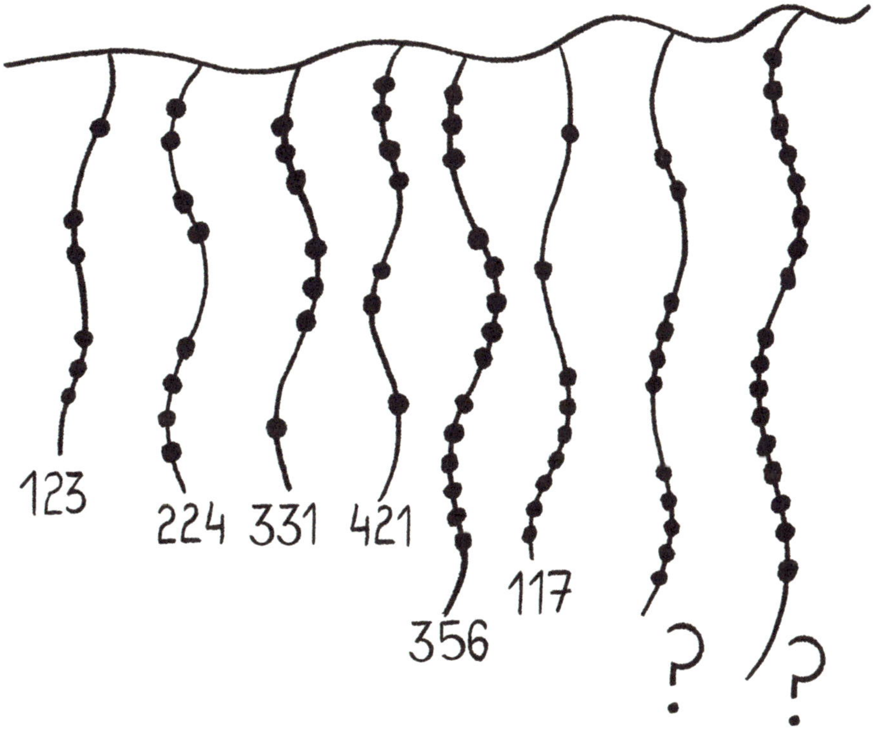

한번 풀어 봐요!

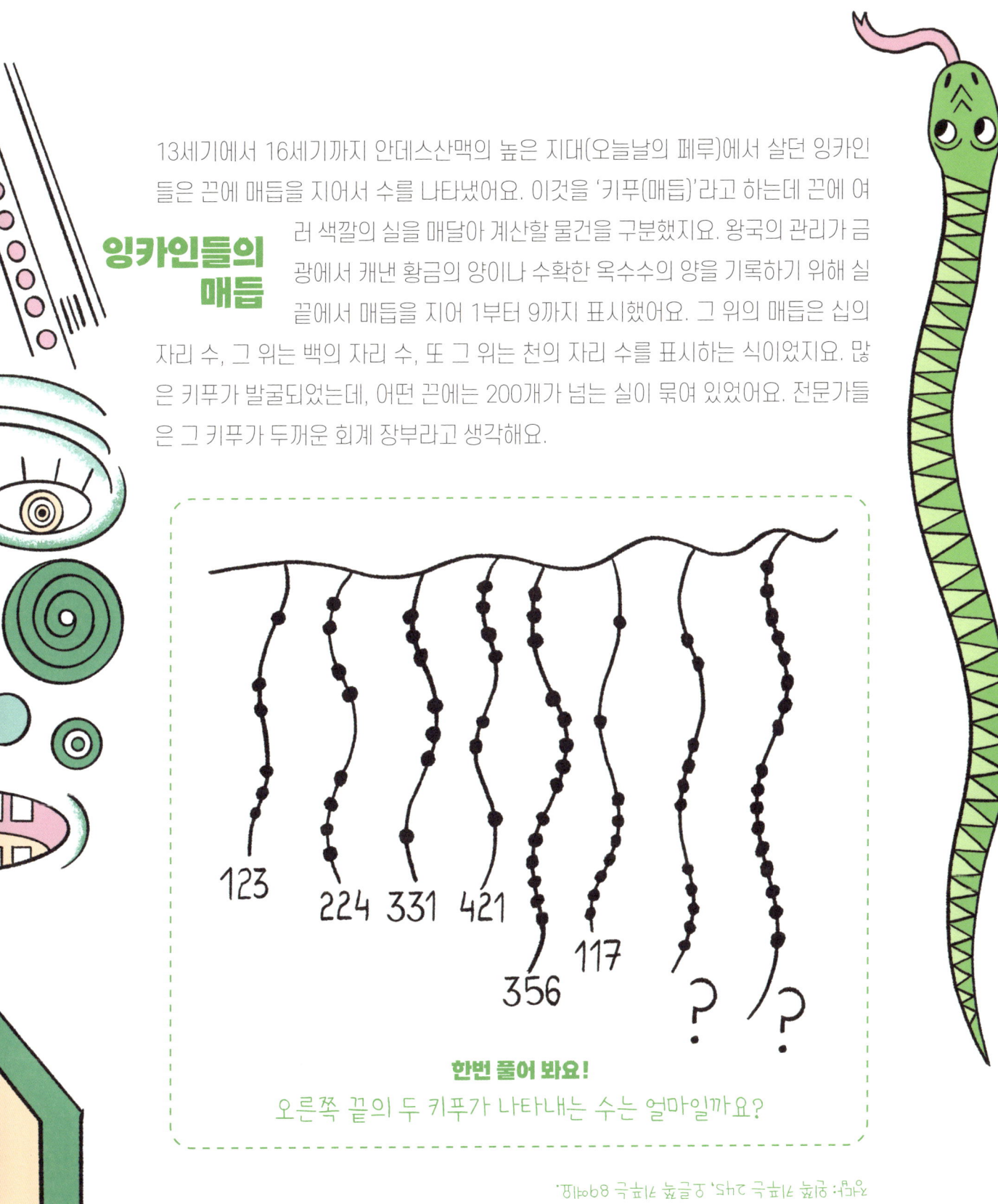

오른쪽 끝의 두 키푸가 나타내는 수는 얼마일까요?

정답: 왼쪽 키푸는 245, 오른쪽 키푸는 89예요.

수를 세기 위한 문자

그리스어의 알파벳

그리스인들은 기원전 400년부터 그리스 문자의 알파벳을 사용해서 수를 나타냈어요. 그리스 숫자의 원리는 간단해요. 알파벳 순서에 따라 각 문자에 값을 매기는 거예요. 첫 번째 문자부터 아홉 번째 문자까지는 1부터 9까지 일의 자리 수를 나타내고, 그다음 아홉 문자는 10부터 90까지 십의 자리 수를, 나머지 아홉 문자는 100부터 900까지 백의 자리 수를 나타내요. 그리스인들은 덧셈 법칙을 사용했고, 글의 문자와 헷갈리지 않도록 숫자인 문자 위에 작은 선을 그었어요.

Α = 1	Ζ = 7	Μ = 40	Ρ = 100	Ψ = 700
Β = 2	Η = 8	Ν = 50	Σ = 200	Ω = 800
Γ = 3	Θ = 9	Ξ = 60	Τ = 300	ϡ = 900
Δ = 4	Ι = 10	Ο = 70	Υ = 400	
Ε = 5	Κ = 20	Π = 80	Φ = 500	
Ϝ = 6	Λ = 30	ϟ, ϙ = 90	Χ = 600	

신석기 시대에 시작된 로마 숫자

로마 숫자를 보면 로마자 알파벳 대문자를 그대로 쓴 것처럼 보여요. 하지만 로마 숫자는 로마 제국이 생기기 전에 태어났어요. 신석기 시대에 목동들이 양을 세기 위해 막대기에 홈을 새기던 전통을 그대로 물려받아 생긴 것이지요. 목동들은 다섯 번째 양부터 더 빨리 세려고 V처럼 생긴 기호를 새겼어요. 열 번째 양 차례에는 X를 새겼지요. 이후 로마인들은 기호를 읽는 것이 어려워질 때마다 알파벳을 사용했어요. C는 100을 뜻하는 라틴어 센툼(centum)의 첫 글자이고 M은 1,000을 뜻하는 밀리아(milia)의 첫 글자이지요.

I	II	III	IV	V	VI	VII	VIII	IX	X
1	2	3	4	5	6	7	8	9	10

XI	XII	XIII	XIV	XV	XVI	XVII	XVIII	XIX	XX
11	12	13	14	15	16	17	18	19	20

XXX	XL	L	LX	LXX	LXXX	XC	C	D	M
30	40	50	60	70	80	90	100	500	1,000

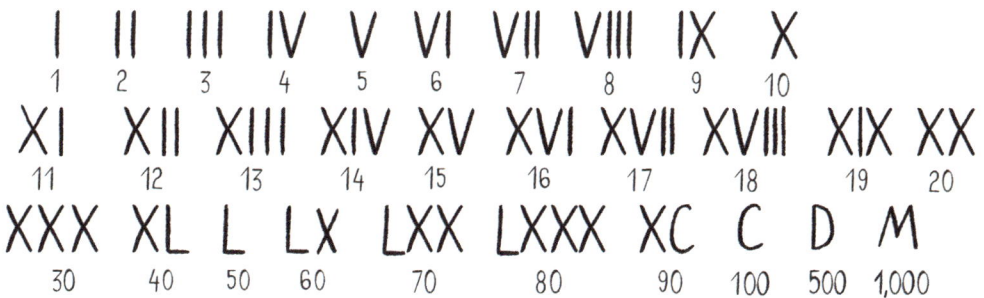

덧셈과 뺄셈을 했던 로마인들

로마인들은 숫자를 적을 때 덧셈 법칙을 사용했어요. 예를 들어 28은 XXVIII(10+10+5+1+1+1)로 적었지요. 그러다가 기호의 수를 줄이기 위해 뺄셈 법칙을 썼어요. 어떤 숫자가 더 큰 숫자 앞에 놓이면 그 값을 빼는 거예요. 예를 들어 4는 IV(5-1)로 적고, 6은 VI(5+1)로 적었어요. 좀 복잡하지요?

큰 수는 복잡해져요

로마인들은 수를 4,999까지 적을 수 있었어요. 하지만 그 이상은 불가능했지요. 5,000을 나타내는 기호는 없었어요. 그래서 1,000을 곱하는 의미로 숫자 위에 막대기를 붙였어요. 그렇게 해서 5,000은 $\overline{V}$으로 적었어요. 그리스인들도 똑같은 방법을 썼어요. 1,000부터는 1,000을 곱해야 하는 숫자에 작은 표시를 했어요. 1,000은 ʹA, 2,000은 ʹB로 표시했지요.

물건이나 사람을 셀 때 앞에 나온 숫자들을 쉽게 사용할 수 있었어요. 하지만 계산할 때는 그렇게 쉽지 않았어요. MCCXXVII에서 CCCLXXXIX를 빼거나 더하

골치 아픈 계산

는 건 골치가 아팠지요. 그래서 고대 회계사들은 주판을 사용했어요. 나무로 만든 계산기인 주판으로 종이에 적지 않고 계산할 수 있게 되었어요.

로마 숫자의 성공

로마 제국이 넓어지면서 로마 숫자는 기원전 1세기에 갈리아 지역(프랑스, 벨기에 등)으로, 그리고 그 후 유럽 많은 지역으로 퍼져 나갔어요. 로마 숫자는 중세가 끝날 무렵 인도-아라비아 숫자가 사용될 때까지 1200년 넘게 경쟁자가 없었지요. 이 시대에 워낙 큰 영향을 끼쳤기 때문에 지금도 유럽에서는 100년과 1000년 단위를 표시할 때, 국왕, 교황, 연극의 막, 책의 장을 표시할 때 로마 숫자를 사용해요. 3세기를 III세기로 표시하고 21세기를 XXI세기로 표시하지요. 루이 XIV(14)세, 앙리 IV(4)세, 영국 여왕 엘리자베스 II(2)세의 뒤를 이은 찰스 III(3)세로 표시하는 식이에요. 오래된 시계의 숫자판에서도 로마 숫자를 흔히 볼 수 있지요.

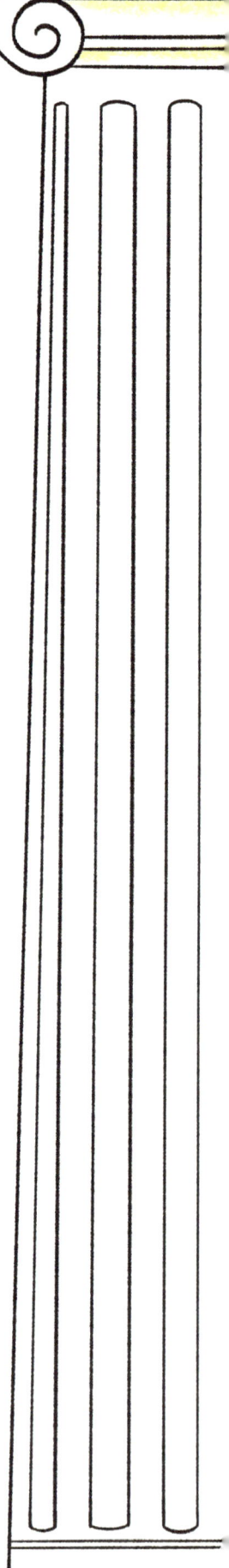

그리스에서 태어난 수학

피타고라스는 기원전 5세기에 활동한 그리스 수학자이자 철학자예요. 그는 제자들을 결과를 중시하는 학생과 결과를 증명하려는 학생(마테마티코이)으로 나누었어요. 이 '마테마티코이'에서 수학을 뜻하는 라틴어 '마테마티카'가 나왔어요.
그리스인들은 수학이 이상적인 사고방식이라고 생각했어요. 어떤 판단을 바탕으로 생각하고 진리에 이르는 방법이었지요. 그리스 수학자들은 수와 기하학을 깊이 연구했어요. 그들은 결과를 뚜렷하고 정확하게 정리하기 위해 일반적인 진리를 세우고 결과를 증명한 최초의 수학자들이었지요. 그리스 수학자들은 지금도 우리가 배우는 수학 방식을 만들어 낸 사람들이에요.

한번 풀어 봐요!

성냥으로 다음과 같이 로마 숫자로 식을 만들어 봐요.

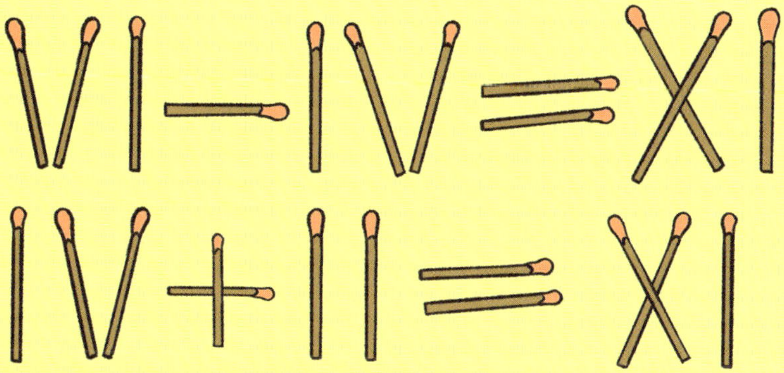

각 식에서 성냥 하나씩만 옮겨, 두 식의 값을 똑같이 만들어요.

정답: VI + V = XI, IX + II = XI

인도에서 아랍 세계로! 숫자의 기원은 다양해요

우리가 사용하는 숫자는 '인도-아라비아 숫자'예요. 이 숫자는 인도에서 처음 만들어져 아랍 수학자들 덕분에 서양으로 전해졌어요. 기원전 3세기에 인도 북부의 학자들이 1부터 9까지 표시하기 위해 9개의 기호를 만들어 낸 것이 시작이었어요. 이후 메소포타미아인들처럼 인도인들도 자릿수를 사용하기 시작했지요. 6세기에는 0을 발명했어요. 이 세 가지 위대한 아이디어가 모여 가장 완벽하고 유연한 인도 숫자 체계가 만들어졌어요. 0부터 9까지 단 10개의 기호만 가지고 모든 수를 표시할 수 있게 되었으니까요. 아무리 큰 수라도 문제없지요. 이 숫자보다 더 나은 숫자는 발명되지 않았어요.

기발한 인도인들

8세기에 이슬람 제국은 에스파냐에서 인도 국경까지 넓어졌어요. 이슬람 지배자인 칼리프들은 과학에 빠져들었지요. 도서관과 연구소를 만들고 전 세계의 학자들을 초대했어요. 아랍인들은 그리스와 페르시아, 인도에서 들여온 수학책들을 연구하고 번역했어요.

바그다드에 퍼진 인도 숫자

773년, 인도 대사가 이라크의 바그다드에 나타났어요. 바그다드는 이슬람 제국에서 학문의 중심지였지요. 대사의 가방 속에는 계산식과 10개의 숫자로 가득한 천문학책이 들어 있었어요. 아랍 학자들은 아주 편리해 보이는 인도 숫자에 흥미를 보였어요. 820년 무렵 수학자인 무함마드 이븐 무사 알콰리즈미(780~850년)가 『인도인들의 계산법에 따른 덧셈과 뺄셈의 책』을 발표했어요. 아랍의 과학자들과 상인들은 앞다투어 이 책을 구해 계산에 활용했어요.

유럽에는 늦게 알려졌어요

900년대로 가 볼까요? 아랍 세계에서 수학이 발전하는 동안 유럽인들은 숫자에 별다른 관심이 없었고 로마 숫자를 그대로 썼어요. 당시 가장 뛰어난 학자, 제르베르 도리아크(945~1003년)라는 수도사가 인도-아라비아 숫자를 유럽에 처음 들여왔어요. 그는 학생들에게 이 숫자를 가르치고, 이 숫자를 사용해 '계산하는 기계'를 개발했어요.

그는 999년에 교황 실베스테르 2세로 임명된 뒤 인도-아라비아 숫자를 정착시키려고 했어요. 하지만 교황의 힘에도 불구하고 그의 계획은 실패했지요. 교회는 다른 세계에서 온 숫자들을 악마의 작품이라고 보았고 0을 사탄이라고 믿었어요.

결국 인도-아라비아 숫자가 이겼어요

200년 뒤에 이탈리아의 수학자 레오나르도 피보나치(1175~1240년)는 아버지의 부탁으로 동방으로 가 아랍인들의 무역 기술을 배웠어요. 그는 이슬람 제국의 가장 위대한 학자들을 만났지요. 1202년에 이탈리아로 돌아온 피보나치는 『계산책』이라는 유명한 책을 써서 인도-아라비아 숫자의 장점을 설명했어요. 이때부터 인도-아라비아 숫자가 상인들과 은행가들 사이에 널리 퍼졌는데, 중세 말인 15세기에 이르러서야 유럽에 완전히 자리 잡았지요. 그리고 1450년 무렵 인쇄술이 발명된 덕분에 인도-아라비아 숫자는 오늘날의 형태를 갖추게 되었어요. 로마 숫자를 이기는 데 800년 가까이 걸린 거예요!

인도-아라비아 숫자가 등장하면서 숫자의 역사는 막을 내려요. 지금은 수많은 언어와 달리 10개의 숫자가 전 세계에서 똑같이 사용되어요. 세계 어디서나 2+2=4지요. 수학 법칙은 어느 곳에서나 같아요. 한국 사람, 스웨덴 사람, 멕시코 사람, 프랑스 사람, 남아프리카 공화국 사람 모두 8×11=88이라고 적고 곱셈의 답을 종이에 적어서 비교할 수 있어요. 숫자의 힘은 세계 어느 곳에서나 읽고 쓰고 이해하고 사용할 수 있다는 사실이지요. 숫자는 아마 인류가 만든 최고의 발명품일 거예요.

보편적으로 사용되는 숫자

행운의 숫자 7

7은 행운의 숫자로 여겨져요. 여러 종교에서는 신성한 숫자로 보지요. 성서에서 신은 7일 만에 세상을 창조했어요. 이슬람 순례자들은 신성한 장소인 메카의 카바 주위를 일곱 바퀴 돌고요. 유대교에서 안식일은 유대인의 일주일 중 일곱 번째 날(금요일 일몰부터 토요일 일몰까지)이에요. 기도에 집중하는 날이지요. 힌두교에서는 인간의 몸에 7개의 기 '차크라'가 있다고 해요. 7은 일주일을 이루는 요일 수이기도 하고 무지개 색의 수이기도 해요. 7을 중요하게 생각하는 다른 예를 알고 있나요?

정답: 기독교에서 말하는 7대 죄악, 세계 7대 불가사의, 백설 공주와 일곱 난쟁이, 70세를 뜻하는 '고희'

영(0)의 혁명

모든 것을 바꾼 0

0은 마지막으로 만들어진 숫자예요. 0을 만든 사람은 인류 역사상 가장 위대한 수학자 중 한 명인 브라마굽타(598~668년)예요. 인도에서 태어난 그는 7-7=0처럼 어떤 숫자에서 그 숫자를 빼는 셈을 처음 정의한 사람이에요. 그는 뺄셈의 결과를 표시할 특별한 숫자를 만들어야겠다고 생각했어요. 우리에게 0은 매우 평범해 보이지만 수학자들에게 0은 현대 수학의 가장 위대한 발견이에요.

인도인들은 0을 원으로 표시하고 인도어로 '비었다'는 뜻의 '수냐(sunya)'라고 불렀어요. 아랍어로는 '시프르(sifr)'로 번역되었고, 여기에서 숫자를 뜻하는 프랑스어 '시프르(chiffre)'가 탄생했어요. 0은 가족으로 치면 막내인데 이 막내의 이름이 숫자 전체를 가리키는 이름이 된 거예요.

아무것도 없음을 표시해요

0은 양이 없음을 나타낼 뿐만 아니라 수의 빈자리를 뜻하기도 해요. 일의 자리 수, 십의 자리 수, 백의 자리 수, 천의 자리 수 등 해당 자릿수에 값이 없다는 것을 뜻하지요. 0이 있어야 26과 206, 또는 260을 구분할 수 있어요. 206에는 십의 자리 수가 없고, 260에는 일의 자리 수가 없어요.

메소포타미아인들과 마야인들도 빈자리를 표시하는 기호를 만든 적이 있어요. 하지만 인도인들이 0을 다시 발명했고 어떤 수와도 더하거나 곱할 수 있는 수로 만들었어요.

0은 기온을 표시할 때 쓰여요. 섭씨 0도는 물이 어는 온도예요. 물이 액체에서 고체 상태로 변하는 지점이지요.

일상생활에 유용해요

지도를 그릴 때 0은 바닷물의 표면인 '해수면'을 가리켜요. 해수면을 기준으로 높이를 재서 고도를 표시하지요. 네팔에 있는 에베레스트산은 해발 8849미터예요. 이스라엘의 사해는 해수면보다 430미터 아래에 있어요. 0은 시간의 기준점이 되기도 해요. 자정은 00:00으로 표시되지요. 하지만 역사에서는 0년이 없어요. 기원전 1세기에서 곧바로 기원후 1세기로 넘어가지요. 왜 그러냐고요? 서양에서 예수의 탄생을 기준으로 달력을 만들었을 때 0은 아직 알려지지 않았기 때문이에요. 그래서 기원후 1년부터 시작했지요. 0은 로마 숫자로 적을 수 없어요.

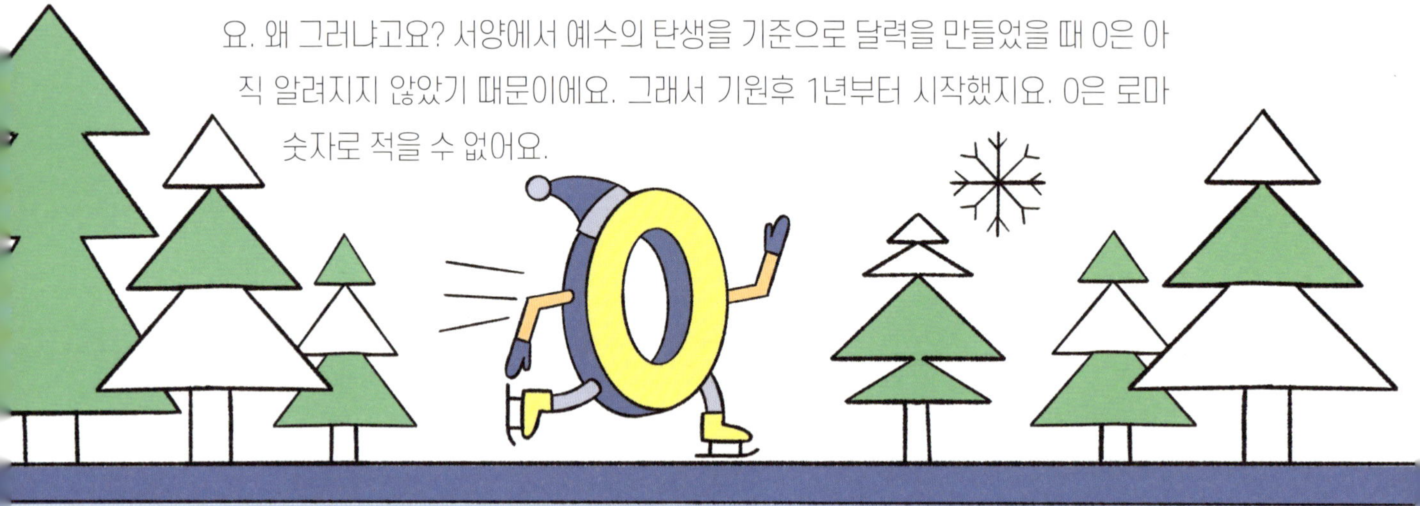

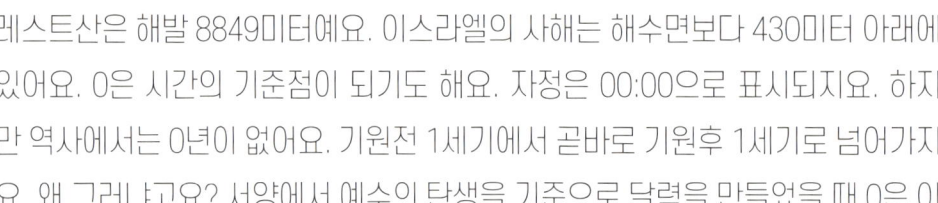

겨울에는 기온이 섭씨 -4도일 수 있어요. 주차장은 지하 3층(-3층)에 있고, 빚이 있다면 통장에 잔액이 -200만 원이라고 표시되지요.

0이 없다면 음수도 없어요

사람들은 오랫동안 0 밑으로는 아무것도 없다고 생각했어요. 0보다 작은 수인 '음수'를 만든 수학자도 브라마굽타예요. 중세 말에 인도 은행가들이 고객의 대출금과 빚을 적기 위해 음수를 사용했지요. 유럽 수학자들은 숫자 앞에 마이너스 기호를 붙인 음수를 '황당한 숫자'라고 생각해서 15세기가 되어서야 받아들였어요.

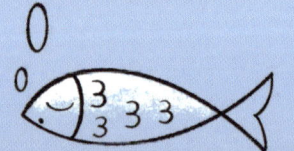

아주 큰 수를 말할 때 '백만'이나 '억'이라는 표현을 써요. '1,000,000'이나 '100,000,000'으로 표시할 수 있겠지요. 하지만 1조, 1경, 1해 같은 수에 비하면 아무것도 아니에요. 1해면 1 다음에 0이 20개나 붙어요.

0을 무한대로 늘어놓아요

세상에 가장 큰 수란 존재하지 않아요. 아무리 큰 수라도 언제든지 거기에 1을 더할 수 있으니까요. 그래서 수학자들은 이를 무한대라고 불러요. 무한대는 누운 8자 모양을 하고 있지요.

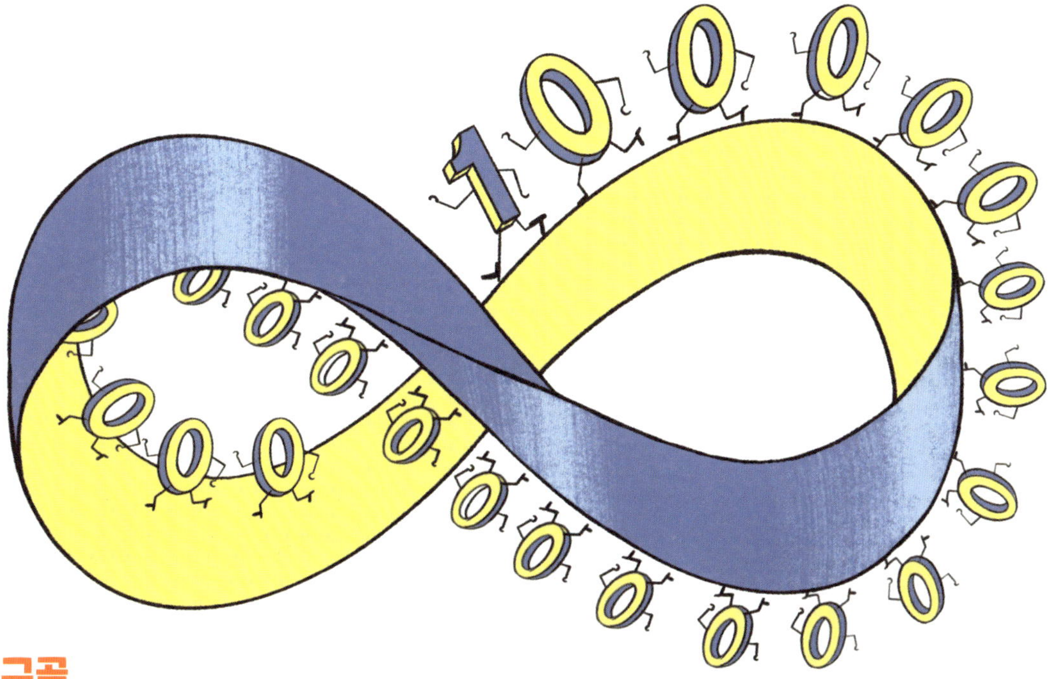

구골

구골은 1뒤에 0이 100개인 수예요. 1938년에 미국 수학자 에드워드 캐스너가 만들었어요. 백만을 뜻하는 밀리언(million), 십억을 뜻하는 빌리언(billion)처럼 영어로 일리언(-illion)으로 끝나는 말이 싫어서 조카에게 엄청나게 큰 수 하면 생각나는 단어를 말해 보라고 한 거예요. 구골은 나중에 유명한 검색 사이트 '구글'의 이름에 영향을 주었어요.

한번 풀어 봐요!

1+0=1 2-0=2

다음 곱셈의 답은 무엇일까요? 1×2×3×4×0=?

정답: 0이에요.

최초의 계산기

막대와 알

인류는 오랫동안 손가락, 그다음에는 돌과 동전으로 덧셈과 뺄셈을 했어요. 하지만 큰 수로 셈을 하기 위해서는 더 효율적인 장치를 만들어야 했지요. 중국인들과 로마인들은 주판을 발명했어요. 이 계산기는 나무로 만든 틀에 막대를 끼우고 주판알을 위아래로 움직일 수 있게 만들어졌어요. 둘 다 원리는 같아요. 첫 번째 막대가 일의 자리 수를, 두 번째 막대가 십의 자리 수를, 세 번째 막대가 백의 자리 수를 나타내는 형식이지요. 주판으로 덧셈, 뺄셈, 곱셈, 나눗셈을 모두 할 수 있지만 주판알을 튕기기도 힘들고 산술*도 잘해야 했어요.

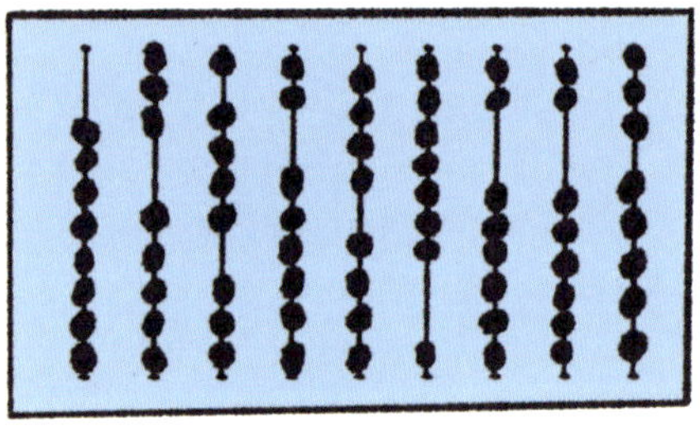

중국 주판

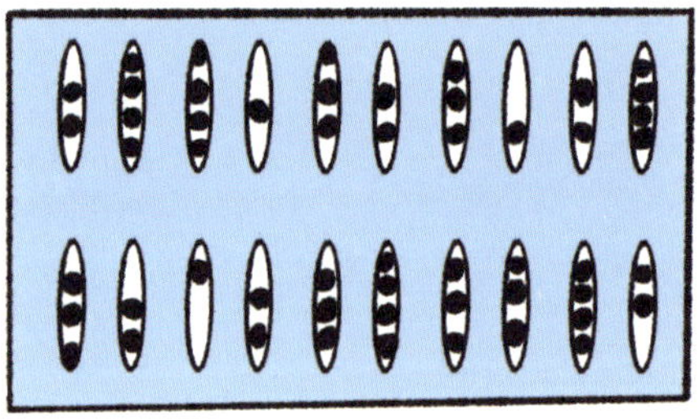

로마 주판

전문가들만 사용했어요

유럽에서는 르네상스 시대에 주판이 사용되었어요. 계산은 엄청난 속도로 주판알을 튕길 수 있는 전문가들에게 맡겨졌지요. 이들은 필경사와 함께 도시에서 활동했어요.

인도-아라비아 숫자와 계산법이 사용되자 주판은 18세기 중반에 사라졌어요. 누구나 연필과 종이만 있으면 계산을 할 수 있게 되었지요. 계산이 단순해지면서 수학은 사람들에게 널리 퍼지고 더 발전했어요.

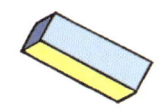

계산을 위한 기호

17세기까지 수학 기호는 라틴어로 적었어요. '더하기'는 플루스(plus), '빼기'는 미누스(minus)로 썼지요. '같다'는 아이콸리(aequali)로 썼고요. 무역이 발달하면서 회계사들은 계산식을 더 빠르게 쓸 수 있는 기호가 필요했어요. 1489년, 독일 수학자 요하네스 비트만이 『상인을 위한 빠르고 똑똑한 계산법』이라는 책을 발표했어요. 이 책에 최초로 +와 - 기호가 등장하지요.

= 기호는 영국 수학자 로버트 레코드가 만들었어요. 길이가 똑같은 평행선 둘을 고른 건 "쌍둥이만큼 닮은 것은 없기 때문"이라고 했어요. 100년 뒤에 곱셈 기호 ×와 나눗셈 기호 ÷가 만들어졌어요. 전 세계 수학자들이 이 기호들을 똑같이 사용하고 있어요.

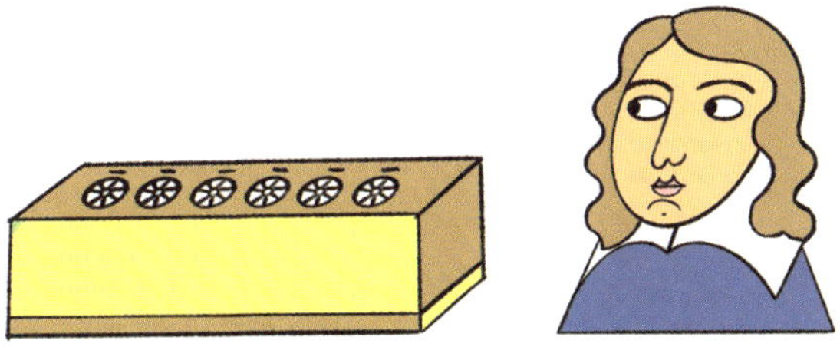

최초의 계산기

'파스칼린'으로 불리는 이 기계는 1645년, 당시 19세이던 프랑스의 천재적인 학자 블레즈 파스칼이 발명했어요. 온종일 계산에만 매달려 있는 회계사 아버지를 돕기 위해 만든 것이지요. 그는 톱니바퀴를 이용해서 덧셈과 뺄셈을 할 수 있는 최초의 기계식 계산기를 개발했고, 무엇보다 이 기계는 결과를 기록할 수 있었어요. 모든 것이 자동으로 계산되니 실수가 사라졌지요.

계산기보다 뛰어난 주판

1946년 일본 도쿄에서 계산 대회가 열렸어요. 일본 주판 챔피언 마츠자키 기요시와 미국에서 가장 빠른 전자계산기 계산자 토머스 네이선 우즈가 맞붙었지요. 시험은 덧셈, 뺄셈, 곱셈, 나눗셈을 이용하는 기본 연산과 이를 모두 섞어 계산하기로 이루어졌어요. 경기는 4 대 1로 주판이 승리했어요. 전자계산기는 곱셈 시합에서만 이겼어요.

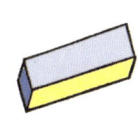

컴퓨터로 계산이 빨라졌어요

수학과 과학이 발전하면서 빨리 계산하는 것이 중요해졌어요. 그래서 여러 가지 계산기가 탄생했지요. 자 모양이나 막대 모양을 한 계산기도 나왔고 지렛대와 관, 핸들, 구멍 뚫린 카드를 이용한 계산기도 나왔어요.

전기의 도움

전기가 발명되면서 계산기의 세계에도 큰 변화가 일어났어요. 사칙연산을 할 수 있는 최초의 계산기가 1960년대 초에 발명되었지요. 또 컴퓨터가 등장하면서 전자계산기가 주로 사용되었어요. 손에 들고 다닐 수 있는 소형 계산기는 겨우 50년 전인 1972년에 개발되었어요.

복잡한 계산을 더 빠르게 하기 위해서 컴퓨터가 발명되었어요. 1946년, 미국 군대가 포탄의 궤적을 계산하기 위해 고안한 에니악(ENIAC)이 최초의 컴퓨터예요.

컴퓨터의 능력

'에니악 걸스'라고 불렸던 여섯 명의 여성 수학자가 컴퓨터 프로그래밍을 맡았어요. 말하자면 컴퓨터가 계산 문제를 해결하도록 이해시키는 역할이었지요. 30톤이나 되는 이 거대한 기계는 42개의 장치 패널, 진공관, 전선, 과열을 막아 주는 환풍 장치로 이루어졌고 150제곱미터의 공간을 차지했어요. 1초에 5000번의 계산을 할 수 있었지요. 당시에는 상상도 못 할 정도의 속도였어요. 에니악은 1955년에 가동을 멈췄어요.

0과 1로 대화하기

컴퓨터와 소통하고 지시를 내릴 때 인간의 언어는 소용없어요. 특별한 기계 언어인 이진법을 써야 하지요. 그러니까 0과 1로만 숫자를 나열해야 해요. 왜 그럴까요? 전기로 움직이는 기계와 소통할 방법이 그것밖에 없으니까요. 전류는 두 가지 상태만 인식해요. 전류가 통하면 1, 전류가 끊기면 0이지요.

말 잘 듣는 컴퓨터

우리가 키보드로 치는 알파벳 대문자와 소문자, 숫자, 마침표나 쉼표, 공백, 수학 기호는 코딩되어 있어요. A를 치면 컴퓨터는 01000001로 바꿔서 이해해요. 숫자 3은 00110011이지요. 계산할 때는 0과 1을 사용해서 계산한 다음 0에서 9까지의 숫자를 사용해 십진법으로 바꿔서 써 줘요.

게임, 인터넷 사이트, 애플리케이션, 로봇을 설계할 때 개발자들은 0과 1을 직접 입력할 필요가 없어요. 명령을 기계어로 바꿔 주는 '프로그래밍 언어'라는 도구를 사용하거든요. 프로그래밍 언어는 다양하지만 똑같은 규칙을 따라요. 컴퓨터가 해야 할 일을 정확하게 말해야 한다는 것이지요. 그래야 컴퓨터가 명령을 0과 1로 해석해서 지시대로 실행할 수 있어요.

요즘 계산을 전문으로 하는 컴퓨터들이 속도 경쟁을 하고 있어요. 2022년 6월, 미국의 슈퍼컴퓨터 '프론티어'가 1초에 100경 번 연산하는 최고 기록을 세웠어요.

대단해요!

슈퍼컴퓨터는 과학 연구, 자동차와 비행기 설계, 의학, 기상과 기후 예측 등에 사용되어요. 단 한 가지 문제점은 엄청난 양의 전기를 쓴다는 거예요. 그래서 비용도 많이 들고 환경에 좋지 않아요.

인간은 이제 계산할 필요가 없나요?

계산기가 있는데 왜 계산하는 법을 배워야 할까요? 계산기를 깜빡하면 직접 계산할 수밖에 없으니까요. 그리고 계산기는 도구일 뿐이에요. 더할지, 나눌지, 뺄지를 결정하는 것은 계산기가 아니에요. 계산기를 사용하려면 수학 지식과 문제 해결 능력이 필요해요. 실수로 잘못된 키를 눌렀을 때, 계산법을 알면 답이 이상하게 나왔다는 것을 눈치챌 수 있겠지요. 다시 말하면 계산기는 편리하게 쓰되 인간이 통제할 수 있어야 해요.

계산하는 기계에서 질서를 잡는 사람까지

어떤 언어에서는 컴퓨터를 다른 이름으로 부르는데, 프랑스어로 컴퓨터는 '오르디나퇴르(ordinateur)'예요. '질서를 잡는 사람'이라는 뜻의 라틴어 '오르디나토르(ordinator)'에서 왔어요. 1955년, 라틴어 문헌학* 교수였던 자크 페레가 만들었지요. 그가 만든 말은 미국 컴퓨터 제조사인 IBM의 허락을 받았어요.

수를 다루는 직업

수학자

수학자는 여러 분야에서 연구원, 엔지니어, 교육자로 활동해요. 수학자는 수학 발전에 도움이 될 새로운 이론이나 개념을 만들 수 있어요. 또 수학을 이용해 산업, 환경, 경제, 금융, 의료 등 다양한 분야에서 매우 구체적인 문제를 해결할 수 있어요. 산업에서는 생산 과정을 더 낫게 만들거나 새로운 기계의 안정성을 판단하고 기계의 부품이 실행할 동작을 예측할 수 있어요. 또 폐기물로 인한 오염의 위험을 평가할 수도 있지요. 기후학 분야에서는 수학 모델을 만들어 현재 일어나는 현상을 설명하거나 대기 중 이산화탄소 농도가 높아지는 것을 예측하고 경고할 수 있어요. 2000년대부터 그런 수학적 연구를 통해 기상 이변을 예측했지요.

일할 때 유용한 수학!

수학은 취업 시장에서 점점 더 중요해지고 있어요. 영국에서는 수학 교육에 더 힘써서 아이들에게 현재와 미래 직업에 필요한 기초 수학 능력을 키워 주자는 움직임이 있어요. 2022년 프랑스에서는 근로자 330만 명(고용된 사람의 13퍼센트)이 수학과 관련된 직업을 가졌어요. 이 수치는 계속 늘고 있어요. 컴퓨터, 금융, 경영, 엔지니어링이 가장 관련이 높은 분야예요. 하지만 의료나 법률 같은 다른 분야에서도 수학 잘하는 인재들을 점점 더 많이 고용하고 있지요.

데이터베이스 관리자

컴퓨터 달인인 데이터베이스 관리자의 역할은 고객 정보, 판매 상품 정보, 재고 등 회사 내부 데이터베이스에 저장된 많은 정보를 관리하고 정리하는 거예요. 또 사용자가 정보에 접속할 수 있게 하고 시스템에서 일어날 수 있는 기술적인 문제를 줄이려 노력하지요. 그런가 하면 컴퓨터 시스템의 보안을 튼튼하게 해서 회사 정보가 불법으로 새어 나가지 않도록 해요.

회계사

기업은 정확하게, 최신 정보로 회계를 해야 해요. 회계사는 기업의 지출과 수입, 투자를 기록하고 수입과 지출의 균형을 확인해요. 또 거래처에 돈을 지불하고 사원들의 급여를 기록하며 세금 신고를 해야 해요. 매년 기업의 경제 상태를 표로 작성해서 기업 대표와 재정 담당자가 미래를 위하여 적절한 선택을 할 수 있도록 도와요.

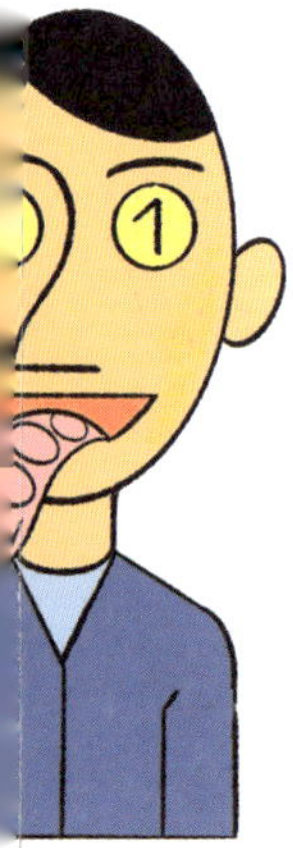

경제학자

근로자의 급여는 얼마일까? 각 가정의 전기 요금은 얼마일까? 누가 어떻게 소비할까? 경제학자는 한 나라에서 부, 그러니까 돈이 도는 것을 관찰하고 분석해요. 이때 통계 자료, 재정 보고서, 전문 서적, 여러 조사 결과를 활용해 경제 현상을 파악한 뒤 일자리가 어떻게 변하고 사람들이 얼마나 소비할지 예측해요. 경제학자는 기업이나 공공 기관을 위해 일할 수도 있어요. 그가 내린 분석은 정부가 결정을 내리는 데 영향을 줘요. 예를 들어 나라의 빚이 늘어나면 정부는 빚을 갚기 위해 세금을 올릴 수 있어요. 휘발유 가격이 오르면 소득이 적은 사람들에게 돈을 지원할 수도 있고요. '경제 지표'라 불리는 숫자들은 평범한 사람들의 삶에 직접적인 영향을 미쳐요.

트레이더

트레이더는 컴퓨터 화면을 들여다보며 귀에는 전화기를 달고서 세계 주식 시장의 가격을 확인해요. 트레이더는 은행이나 증권사*, 개인 고객을 위해 주식을 사고파는 직업이에요. 따라서 특정 화폐나 상품 가격이 오를지 내릴지 예측하기 전에 어떤 위험이 있을지 평가해야 해요. 모든 거래는 실시간으로 이루어져요. 트레이더는 트레이딩룸이라는 공간에서 일하고 하루에 수십억 원을 거래하기도 해요. 목표는 최대한 많은 이익을 내는 거예요.

통계 전문가

우리나라 사람들이 가장 많이 하는 운동은 무엇일까요? 여성 엔지니어는 얼마나 될까요? 이런 질문에 답하기 위해 통계 전문가는 숫자로 된 데이터를 모으고 전화나 인터넷으로 설문 조사를 해서 의견을 수집해요. 그런 다음 복잡한 계산을 해서 결과를 분석하고 그래프와 표 같은 형태로 결과를 종합해요. 그를 고용한 곳에 이러한 결과를 보고해서 올바른 결정을 내리도록 도와요. 활동 분야는 행정, 산업, 의료, 서비스, 언론 등 매우 다양해요.

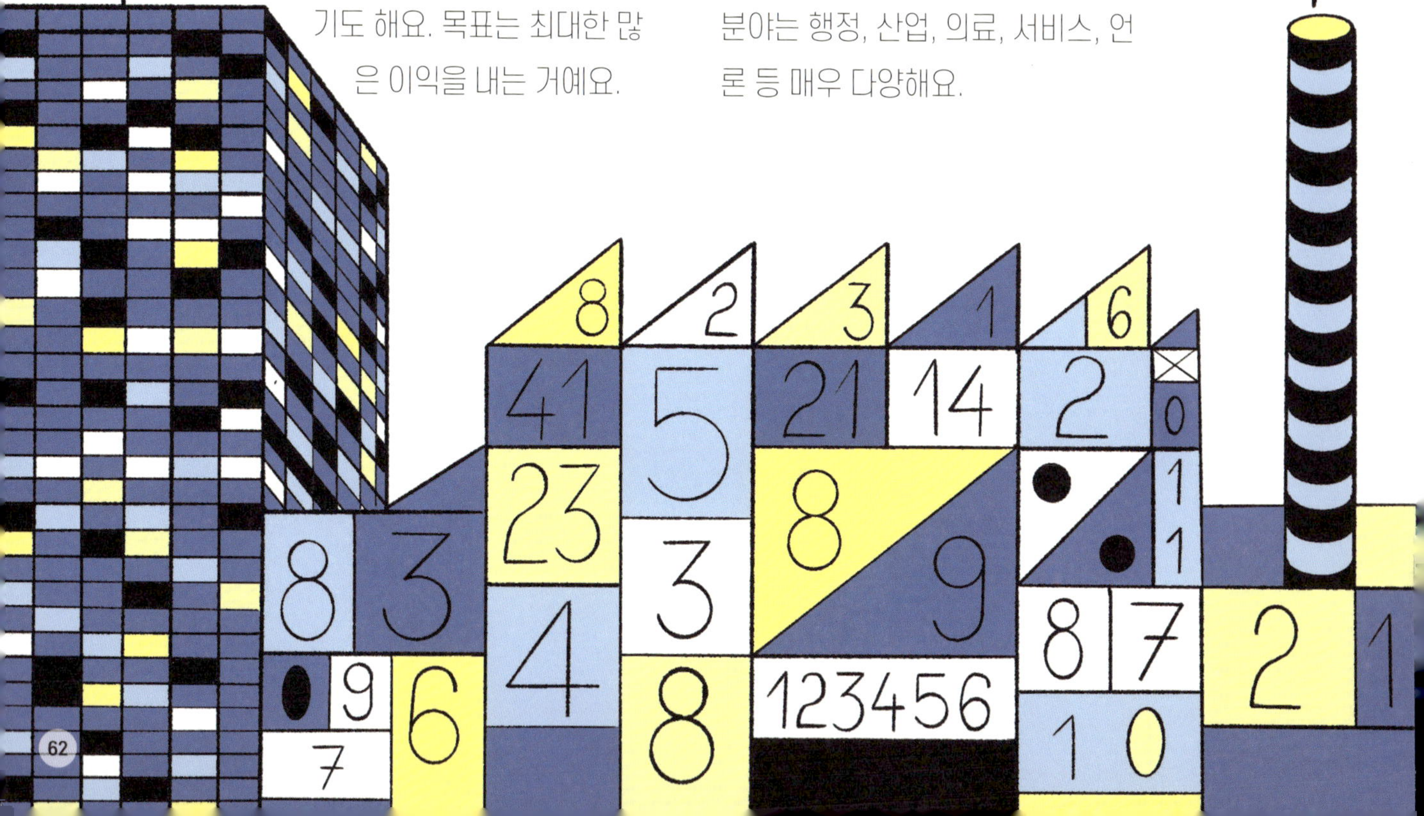

팩트 체크 전문 기자

가짜 뉴스가 소셜 네트워크 서비스에 넘쳐 나자 대형 언론사들은 '팩트 체크' 부서를 따로 두기 시작했어요. 팩트 체크 전문 기자의 역할은 사건의 진실 여부와 수치가 정확한지를 확인하는 거예요. 이를 위해 공공 기관들의 자료를 찾아보고 다른 공식 통계와 대조해 확인해요. 또 전문가, 현장 정보원과 취재 기자 등에게 연락해 확인할 수 있어요.

이민자, 실업자, 시위자 수 등은 종종 정치적인 의견에 따라 가짜 뉴스의 대상이 되곤 해요. '숫자 전쟁'을 일으킬 수 있는 일이지요. 예를 들어 시위가 벌어졌을 때 경찰은 참가자가 10만 명이라고 발표할 수 있고 주최 측에서는 그보다 5배나 많았다고 주장할 수 있어요. 그렇다면 누구를 믿어야 할까요? 수를 '부풀리는' 주최 측은 시위가 큰 성공을 거두었다고 보여 주고 싶고, 경찰 측은 수를 최소화해 굳이 거리로 나올 필요가 없다고 보여 주고 싶은 것이지요. 팩트 체크 전문 기자는 현장에 있었던 사람들을 만나 정보를 얻고 필요한 경우 시위자 수를 수정해요. 수가 정확하지 않다면 어림잡아 말하기를 더 좋아해요.

숫자 뒤에 숨은 숫자

"숫자는 늘 믿을 수 있다"라는 말도 있지만 늘 그런 것은 아니에요. 100점 만점에 80점을 맞았다고 하면 부족하다고 하겠지만 만점이 85점이라면 나쁜 성적이 아니지요.

어떤 결론을 내리기에 숫자 하나로는 부족해요. 예를 들어 통계청 발표에 따르면 2022년 우리나라에서 일한 근로자의 평균 월급은 353만 원이었어요. 그러나 자세히 들여다보면 금융·보험업 근로자의 평균 월급이 757만 원, 숙박·음식점업 근로자는 172만 원이어서 직업에 따라 금액 차이가 컸지요. 또 성별에 따른 차이도 커서 남성 근로자의 평균 월급은 414만 원, 여성은 271만 원으로 1.5배나 차이가 났어요. 이처럼 숫자 하나는 별 의미가 없고 오해를 만들 수 있어요. 그럼에도 우리 주변에는 현실에 가까이 다가가기 위해 활용할 수 있는 정보가 많아요. 우리가 그런 정보를 보지 않거나 마음에 드는 숫자만 보려는 것이지요.

용어 설명

9쪽 **기수법**: 숫자를 사용하여 수를 나타내는 방법.

17쪽 **자연수**: 0보다 큰 양의 정수. 1, 2, 3… 등이다.

18쪽 **사하라 이남 아프리카**: 사하라 사막 남부에 있는 48개 국가.

19쪽 **암산**: 계산기 같은 기계의 도움을 받지 않고 머리로 하는 계산.

25쪽 **십진법**: 0에서 9까지, 숫자 10개를 이용해 수를 나타내는 방법.

28쪽 **신월**: 음력 초하룻날에 뜨는 달. 거의 보이지 않을 정도로 가는 초승달이다.

29쪽 **민법**: 개인의 권리와 관련된 법규를 통틀어 이르는 말.
결혼, 이혼, 상속, 재산, 계약 등을 규정한 법이다.

32쪽 **그림 문자**: 그림이나 대상을 본뜬 도안으로 의미를 전달하는 문자.

33쪽 **덧셈 법칙**: 수의 값은 수를 구성하는 기호의 합과 같다는 법칙.

34쪽 **자릿수**: 수의 자리. 숫자가 적힌 자리에 따라 그 수의 값이 결정된다.

34쪽 **필경사**: 글씨 쓰는 일을 직업으로 하는 사람.

34쪽 **회계**: 나가고 들어오는 돈을 따져서 셈하는 일.

38쪽 **기하학**: 도형 및 공간의 성질에 대하여 연구하는 학문.

40쪽 **글리프**: 단어나 하나의 소리마디(음절)를 나타내며 새긴 그림과 기호.

54쪽 **산술**: 수의 특성과 계산을 연구하는 수학의 한 분야.

59쪽 **문헌학**: 어떤 언어로 쓰인 자료나 기록을 통해 한 민족이나 시대의 문화를 역사적으로 연구하는 학문.

62쪽 **증권사**: 증권을 사고파는 기업. 고객과 주식 시장을 연결하는 중개 역할을 한다.

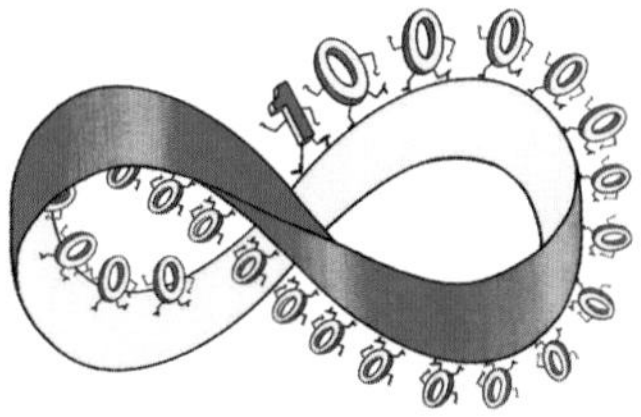

내 친구 숫자를 소개합니다

0의 발명부터 컴퓨터의 등장까지, 인류와 함께한 숫자 이야기

초판 인쇄 2024년 5월 23일 **초판 발행** 2024년 5월 23일

지은이 카리나 루아르 **그린이** 요안나 제자크 **옮긴이** 권지현

펴낸이 남영하 **편집** 김주연 전예슬 김가원 **디자인** 박규리 **마케팅** 김영호 변수현

펴낸곳 ㈜씨드북 **주소** 03149 서울시 종로구 인사동7길 33 남도빌딩 3F **전화** 02) 739-1666 **팩스** 0303) 0947-4884

홈페이지 www.seedbook.co.kr **전자우편** seedbook009@naver.com **인스타그램** instagram.com/seedbook_publisher

ISBN 979-11-6051-620-3 (77410)

Original title: L'incroyable aventure des nombres